尼采的微言大义

刘小枫 著

目 录

弁言

哲学家——人类的"罪犯"？ ／1

尼采的微言大义 ／11

青年尼采论"残酷"的真理 ／69

尼采、布克哈特与人文教育的后现代困境 ／113

尼采的晚期著作与欧洲文明危机 ／154

如何凭靠尼采的眼光识读柏拉图 ／203

弁　言

我国现代史上改天换地的政治伟人说过,要真正认识一个人,往往需要十几年甚至几十年的时间。我们若要认识某个历史人物——无论思想史还是政治史上的人物——同样如此,甚至即便用上一辈子时间,我们也未必能获得正确认识。毕竟,我们与历史上的伟大人物在心性品质上有难以估量的距离,除非凭靠历史人物之间的相互比较或思想史上的高人指点,我们很难企及他们的灵魂高度。

《诗》有之:"高山仰止,景行行止。"虽不能至,然心向往之。(《史记·孔子世家》)

前人的灵魂高度不应该是我们认识历史人物的障碍,反倒应是我们修炼灵魂的动力。辨识历史人物的灵魂类型及其差异,通过灵魂对比识别灵魂的高低,尤其是看清其在历史中的德性闪失,即便是用上几十年甚至一辈子时间才有所得也值了。

1985年,我与苏克兄合作据英译本迻译俄国思想家舍斯托夫的《陀思妥耶夫斯基与尼采》。那个时候,我读不懂尼采,也不喜欢尼采,仅译出该书论陀思妥耶夫斯基的部分,尼采部分扔给了苏克兄——未料译稿后来被当时北京三联书店的责编搞丢了。

十多年后,朗佩特的《施特劳斯与尼采》开启了我理解尼采的视力,恍然若有大悟。即兴之下,我写了《尼采的微言大义》(载于《书屋》杂志 2000 年第 10 期)。文章刊出之后,随即受到坊间激烈抨击——显然,文章得罪了尼采所说的大众知识人。

自那以来,我一直致力于理解尼采,而这种努力实际更多着力于阅读柏拉图,而非仅仅阅读尼采。这里将晚近的几则习读尼采札记与二十年前备受争议的文章合刊,算是自己认识尼采的一个阶段性小结。

尼采的教训既是我们思考的路标,也是我们的思想绊脚石。

晚近十余年来,尼采作品的汉译蔚然可观,新译本迭出。《尼采的微言大义》写于二十二年前,所引尼采作品中译有些已显陈旧,十年前重刊时曾更新了个别中译文献,现一仍其旧,让它保留历史的原貌吧。

刘小枫
2022 年初春
古典文明研究工作坊

哲学家——人类的"罪犯"?

> 苏格拉底说,"我会试试在你们面前辩护得比在法官们面前更具说服力"。
>
> ——柏拉图,《斐多》

陀思妥耶夫斯基的小说喜欢讲罪犯的故事,人们"一谈到陀思妥耶夫斯基的天才,似乎'罪犯'这个词就不能不闯入脑子里来"(托马斯·曼语)。

陀思妥耶夫斯基笔下的罪犯是些什么人呢?在他笔下,刑事犯罪与哲学的区分消失了:拉斯科尔尼柯夫出于一种意志哲学的观念而杀人(刑事罪);斯麦尔加科夫不是哲学家,但他的杀人罪不过是实现哲学家伊凡的意志,以至于当伊凡看到自己观念的现实,一下子"脸色煞白了"。

陀思妥耶夫斯基笔下的罪犯看起来是不是有点像哲学家?

哲学家是罪犯?过于耸人听闻了罢!

无论拉斯科尔尼柯夫还是伊凡,都因思想观念而杀人。

他们有如扎拉图斯特拉所说的"脸色苍白的罪犯","灵魂企盼鲜血,而非抢劫";然而,"行动之后,却不能忍受行为的观念"。陀思妥耶夫斯基的叙事显得非把笔下的哲学家逼到这样的田地:要么承受观念的行为——杀人,要么因不能忍受行为的观念而自杀。

尼采笔下的"脸色苍白的罪犯"听从"可怜的理性",即便站在法官和祭司面前,还为自己"对人的极大蔑视"的观念辩护,一旦观念变成了行动,"罪犯"马上"脸色煞白"。何为犯罪?犯罪"是一堆疾病,是借助思想在世界蔓延的疾病"。① 尼采笔下的罪犯看起来也像个哲学家,他在法官和祭司面前还理直气壮地宣称:"可你们的善对我又算什么呢?"

如果陀思妥耶夫斯基和尼采(据说尼采称陀思妥耶夫斯基为"伟大的导师")笔下的罪犯看起来都像个哲学家,事情恐怕就不是偶然的了。

哲学家是人类的罪犯?

苏格拉底是西方哲人的第一个伟大形象。在他之前,虽然有那么几个哲人,但据说他们实际上是诗人。

这第一哲人恰恰是个罪犯。柏拉图的《斐多》记叙了被判死刑的苏格拉底的临终时刻,场景就在监狱。据说,《斐多》其实是讲法律的书,在柏拉图的作品中,哲学这个词第一次就出现在这篇论刑事罪(《斐多》,857d2)的作品中:

> 这意味着,只有通过刑法问题,才能进入哲学。②

---

① 比较尼采,《扎拉图斯特拉如是说》卷一:"论脸色苍白的罪犯",黄明嘉、娄林译,上海:华东师范大学出版社,2009。
② Seth Benardete, *Plato's "Laws": The Discovery of Being*, University of Chicago Press, 2000, p. 3.

人们往往忽略《斐多》的大背景：苏格拉底在监狱里谈哲学。在这个世界上，哲人应该待的地方似乎就是监狱。人们生来就是要活得好，哲人却教诲如何学会死，这号人不关起来还得了？斯塔夫罗金并非疯子，看起来荒诞不经的行径，其实显出的是一个哲学家意志的迹象——如英国评论家穆瑞（1889—1957）所说，"他体现的那种精神会唤起社会上莫名的仇恨和恐惧，因此属于必须拖到城外用石头砸死的那种人"。[1]

在雅典法庭面前，苏格拉底才晓得了自己的观念可能导致的现实，于是一下子"脸色煞白"，最后理性地选择了自杀。柏拉图笔下的苏格拉底案件，似乎重现在陀思妥耶夫斯基的小说中——从《地下室手记》《罪与罚》《群魔》到《卡拉马佐夫兄弟》。尼采与柏拉图思想有直接的连带关系，甚至被说成最后一个真正的 Platoniker［柏拉图信徒］，莫非陀思妥耶夫斯基也与柏拉图有瓜葛？

历史上的大作家模仿柏拉图，并非没有先例。[2] 不过，从格诺斯曼（L. Grossman）在二十世纪三十年代初编辑出版的陀思妥耶夫斯基藏书目录来看，陀思妥耶夫斯基晚年才得到柏拉图的 opera omnia［全集］。恐怕不能说，陀思妥耶夫斯基的小说直接受到过柏拉图的影响，或者刻意模仿其对话作品。

再说，陀思妥耶夫斯基写的不都是小说吗？他何曾写过

---

[1] John M. Murry, *Fyodor Dostoevsky: A Critical Study*, London, 1916。

[2] 拉伯雷曾刻意模仿《会饮》，参见 G. Mallary Masters, *Rabelaisian Dialectic and the Platonic - Hermetic Tradition*, State Uni. of New York Press, 1969, 页 41-67。

哪怕一篇如今人们所熟悉的那种哲学论文甚至哲学随笔？

是不是哲人，倒不一定非得从写作方式来断定。柏拉图的写作方式是诗人式的，但他是地道的哲人；一如当今某些后现代人写的是哲学论文，却是地道的诗人。在柏拉图的时代，写诗就是"讲故事"（muthous）。"故事有两种，一种是真的，一种是假的。"所谓"假故事"，指的不是虚构。讲故事难免要虚构，甚至可以说，没有虚构，叙事就不成其为故事（muthos），而是成了纪事（historia）。对柏拉图来说，真实与虚假故事的区分，是就德性而言的。给城邦的人民讲德性的故事还是颓废的故事，才是真实与虚假故事的差别——因涉及城邦的正义问题，这一差别关系重大。所以，柏拉图笔下的苏格拉底说，"必须痛加谴责"那些"没有能用言语描绘出诸神和英雄的真正本性"的"丑恶的假故事"（《王制》376e – 383c）。

说陀思妥耶夫斯基与柏拉图有瓜葛，至少因为他们都讲真实的故事。托马斯·曼在谈到如何评论一个作家时说：对有的作家，你可以拿他开开玩笑——比如歌德，有的却绝对不能——比如陀思妥耶夫斯基或尼采。为什么？因为他们的灵魂与魔鬼打交道。歌德虽然写了与魔鬼做灵魂交易的浮士德博士的故事，自己并非真的与魔鬼打交道。陀思妥耶夫斯基不同，他认真在与魔鬼——哲学犯罪——打交道。

歌德是诗人，陀思妥耶夫斯基和尼采是哲人。托马斯·曼的意思很可能是：喜欢玩文字的文人可以拿诗人开开玩笑，但不能拿哲人开玩笑。不然的话，小心有一天会死于非命——或者让人死于非命。

哲人柏拉图用诗的形式写哲学。

"诗"这个词应该说有两种用法，一是狭义的，指有别于小说、戏剧的诗歌形式，属于所谓体裁用法；另一种是广义的,指与哲学相对的精神方式、生存方式和言说方式。作为哲人,柏拉图虽然与诗人的精神方式、生存方式不同,却刻意模仿诗人的言说方式(讲故事)。柏拉图在其最后的作品(篇幅最长,也最难读懂的戏剧)《法义》中还说:

> 就我们的能力来说,我们自己也是悲剧诗人,我们也创作了一部相当美好、崇高的悲剧。我们的城邦不是别的,只是对最美好的生活的摹仿,这才是我们所理解的真正的悲剧。你们是诗人,我们也是诗人,是你们的同调者,也是你们的敌手。(《法义》817b,笔者自己的译文)

在古希腊的雅典,诗就是音乐,音乐就是讲故事,具体说来,就是戏剧。要讲故事,语言就得贴近时代生活;随着时代的变迁,(广义的)诗的语言(讲故事的语言方式)也在变——但丁、莎士比亚的诗剧,卢梭、陀思妥耶夫斯基的小说,都是诗的写作方式。但他们不一定是今天意义上的诗人,而是古典意义上的哲人,尽管他们用了诗的叙述方式。

哲人与诗人的差异,主要是精神方式上的。看上去,陀思妥耶夫斯基与柏拉图在精神方式上确乎有那么一些相似。[①] 在一位俄国评论家看来,这种相似根本在于,陀思妥耶夫斯基像柏拉图一样献身于纯粹的观念:

> 康德哲学与佐西马哲学若合符节,两人——包括陀

---

① 有人将柏拉图书简七中的自述与陀思妥耶夫斯基对阿廖沙的描述相提并论,参见 Leon Harold Craig, *The War Lover: A Study of Plato's Republic*, Uni. of Toronto Press, 1994, 页378。

思妥耶夫斯基本人——都是 Platoniker[柏拉图信徒]。①

这也许仅仅是两人相似的一个方面,而且恐怕并非最主要的方面。

陀思妥耶夫斯基的主要作品大多讲的是作为"罪犯"的哲学家,柏拉图的主要作品似乎都是从苏格拉底这个雅典城邦的"罪犯"的案子引出来的。思想行为是否算犯罪,得靠法律来裁定;有法律条文,才会有罪犯。《王制》中的重大主题之一是"罪与罚",这不就是陀思妥耶夫斯基一部主要作品的书名吗?② 陀思妥耶夫斯基最后的作品《卡拉马佐夫兄弟》篇幅最长,也最难读,是不是像柏拉图晚年倾力而作的《法义》?

陀思妥耶夫斯基的"罪犯"与柏拉图的"罪犯"尽管看起来都是因尼采所谓"可怜的理性"而犯法,"犯罪"性质却不同,因而"罪犯"的性质也不同。陀思妥耶夫斯基的"罪犯"是现代的哲学家、是激进知识分子,尽管他们面对的"大法官"都同时带有祭司身份,就像尼采笔下"脸色苍白的罪犯"所面对的法官。"罪犯"性质的改变标志着哲人品质的转变:哲人成了哲学家,或者说启蒙知识分子。所谓现代的哲学家,就是为能说且敢说这样的话而自豪的人:

> 教会要想统治,就要有一批目光短浅的群众向它鞠躬,甘愿受它统治。拥有巨资的高级僧侣最害怕的莫过于让下层大众受到启蒙,他们长久禁止人民大众亲自阅

---

① A. S. Steinberg, *Die Idee der Freiheit: Ein Dostojewskij – Buch*, Jacob Klein 德译, Luzern, 1936, 页 30 – 31。

② 参见 Leon Harold Craig 前揭书, 页 112 – 182。

读《圣经》；能禁止多久，就禁止多久。①

从柏拉图的记叙来看，苏格拉底绝对不会说诸如此类的话。

陀思妥耶夫斯基与柏拉图相似，却绝非模仿柏拉图，而是像柏拉图那样面对人类的"罪犯"问题。由于近代的人文运动和后来的启蒙运动，问题的性质已经发生了根本转变。这是一个历史过程，即现代性形成的过程。在陀思妥耶夫斯基之前，面对这一问题的至少有但丁，然后是莎士比亚和卢梭。②甚至连波兰裔英国作家康拉德(1857—1924)都看出陀思妥耶夫斯基与卢梭思想的瓜葛，并写了一部出于哲学观念杀人的刑事罪小说来探讨这一问题。

当然，陀思妥耶夫斯基作品的重大主题与柏拉图作品的相似之处，不仅有"罪犯"的法律问题，还有哲学与爱欲的关系问题……陀思妥耶夫斯基是不是像个哲人？

其实，早就有人讲过陀思妥耶夫斯基是哲人，我们不是没有听见，而是充耳不闻或者听不懂。

刚好一百年前(1901)——时值陀思妥耶夫斯基逝世二十周年，俄国思想家、诗人罗赞诺夫(1856—1919，又译"洛扎诺夫")发表纪念演说，称陀思妥耶夫斯基对于欧洲有如一场"精神革命"。

什么样的"精神革命"？是不是要发起对现代哲学家的终末论审判？

---

① 艾克曼编，《歌德谈话录》，朱光潜译，北京：人民文学出版社，1978，页254。

② 参见 Robert Louis Jackson, *Dialogues with Dostoevsky*, Stanford Uni. Press, 1993, 页228以下。

如果说柏拉图作品的基本主题是，"罪犯"苏格拉底在"宗教大法官"面前为自己申辩——听起来像是作自我检讨，那么，陀思妥耶夫斯基作品的基本问题就是：启蒙革命以后，传统的"宗教大法官"何以还有法权审判"罪犯"？如果没有，就该倾听"脸色苍白的罪犯"的辩词了：

> 你们这些法官，……你们同你们杀戮的对象和解，这还不够。让你们的悲伤变为对超人的爱；如此，你们便为自己"仍旧－生活"而辩护！（《扎拉图斯特拉如是说》，前揭，页 64）

这位"脸色苍白的罪犯"也许已经为伊凡的"长诗"作了最精当、最透彻的注释：启蒙运动以后，身为"罪犯"的哲学家们应该成为审判人类的"宗教大法官"。

在启蒙的现代之后，人类面临的将会是什么样的"终末论"审判！？

在为《陀思妥耶夫斯基全集》写的导言中，罗赞诺夫断言，必须把陀思妥耶夫斯基的思想作为"体系"来理解，哲学才谈得上"体系"。不过，罗赞诺夫这里所谓的"体系"，不是黑格尔意义上的，而是指哲思的尖锐所及。二十世纪初以来，好些俄国学人（后来还有西洋学人）写过论陀思妥耶夫斯基的专著，分门别类、分条析理地归纳其思想。罗赞诺夫没有写这样的陀思妥耶夫斯基体系论，而是细读、详解《卡拉马佐夫兄弟》中的关键章节——"宗教大法官"。柏拉图的戏剧作品之间有内在联系，同一人物在不同场合出现，都有讲究，这并不等于有一个所谓柏拉图的"体系"。虽然仅仅是在疏解"宗教大法官"一章——伊凡自己称之为"长诗"，而且还"很荒唐",①罗赞诺夫却将它与陀思妥耶夫斯基一生所有的重要作品勾连起来——如此解读,非哲人不能为。

二十世纪八十年代中期,我从舍斯托夫(1866—1938)那里得知,罗赞诺夫是俄国当时最杰出的哲人,于是约请译蒲宁小说身手不凡的戴骢先生译《落叶》。可惜,当戴骢先生找到原书并马上译出两筐"落叶"的目录寄我时,第二天我就启程去欧洲了。

罗赞诺夫的《"宗教大法官"的传说》写于十九世纪末,二十世纪二十年代有了德文译本。②在瑞士读书时,我从旧书店捡得此书,看得恍恍惚惚。罗赞诺夫行文恣肆汪洋,对"宗教大法官"的解释既高远又精深,难得要领,我一直耿耿于怀。张百春兄在俄国修习过六年,获得圣彼得堡(陀思妥耶夫斯基笔下的"罪犯"经常出没的城市)大学哲学博士。今年初,他再去莫斯科,我顺便请他留意,看是否有重印的俄文版,他竟然找到了。张百春博士的译作,坊间已有多种,译品广受赞誉,我迫不及待请他译出这本书……

罗赞诺夫说,"宗教大法官"的传说"是最具毒性的一滴毒液":

> 它终于从我们已经走了两个世纪的精神发展阶段中流了出来,分离了出来。巨大的悲伤、巨大的绝望,我们还要补充说,在自己对自己的生活基础的否定里的伟大感,这一切我们不但从来都没有体验到,而且也不会

---

① 陀思妥耶夫斯基,《卡拉马佐夫兄弟》,卷五,第 5 章,荣如德译,上海:上海译文出版社,1998。

② Rozanow, *Dostojewskij und seine Legende vom Grossinquisitor*, Berlin, 1924.

体验到……

毒液早就传感到中国,只不过我们没有"体验到"其毒性,迄今还以为是甘饴。

2001 年于深圳

尼采的微言大义

尼采是谁?

早就听说,二十世纪最具影响力的三大革命性思想家是:马克思、弗洛依德、尼采。

何谓"革命性"?日常用法指"反传统"。据说,这三位"后现代先知"彻底推翻了西方的传统价值,代之以新的伦理和生命方向。姑且不究这些流俗说法是否恰切,仅就这种革命性的深刻程度和实际影响而言,弗洛依德和马克思都无法望尼采项背。

弗洛依德明显受过尼采影响,而且仅仅发扬了尼采思想中的一个方面。马克思尽管引发了诸多社会革命,仍然在两个方面不及尼采。首先,马克思站在启蒙思想的西方小传统中颠覆西方传统,尼采不仅颠覆苏格拉底和耶稣共同塑造的西方大传统,而且颠覆了启蒙传统。

再说,马克思的思想生命力是资本主义赋予的,他作为共产主义代言人站在资本主义对立面,尼采却超逾了资本主义与社会主义的对立。不难理解,冷战之后,不是弗洛依德或马克思,而是尼采显得更具生命力。

尼采的实际影响也远甚于马克思和弗洛依德,右派分子不会喜欢马克思,左派分子却特别喜欢据说极右的尼采。尼采文章瑰美、奇诡、料峭。没有谁说马克思是"诗人哲学家",马克思和弗洛依德的著作仍是学究性的,个中道理需要解释才能传达给知识人大众,成为现实的精神力量。尼采文章似乎不需要经过解释,就可以直接变成知识人大众的话语。①

尼采在汉语思想文化界的接受史就是证明:尼采刚死不久就潜入王国维(1877—1927)、鲁迅(1881—1936)这样的"中国魂",西人论著有谁像尼采文章那样有如此之多的汉语译本?②

然而,尼采是谁?

谁不知道尼采? 不就是那个要"重估一切价值"、主张"权力意志"、提出"超人伦理"和"永恒复返"说而且敢"敌视基督"的德国"伟人"或"疯子"? 不就是那个其学说被纳粹利用的德国诗人哲学家?

尼采真是如此"尼采"?

尼采自己和多数研读尼采的后人,都把《扎拉图斯特拉如是说》看作尼采最主要、最本真的文本,它的确也影响最大

---

① 参 Stanley Rosen, "Nietzsche's Revolution", 见氏著 *The Ancients and the Moderns*, Yale University Press, 1989, 页 189。
② 尼采在中国思想文化界的接受以及二十世纪头四十年尼采著作的汉译,参见张辉,《审美现代性批判》,北京:北京大学出版社,1998,第五章及年表。

(中译品种也最多)。① 然而,尼采在书中自己说话吗？不,是扎拉图斯特拉在说。

尼采是扎拉图斯特拉吗？难讲。尼采可以说,书中的话都是扎拉图斯特拉而不是他自己在"如是说"。他仅仅是记录者,像柏拉图写的对话,不是柏拉图在说,而是他笔下的苏格拉底及其学生一类"角色"在说(施特劳斯语)。扎拉图斯特拉难道不会是一个角色？

出身于路德宗牧师家庭的尼采,极为欣慕路德在德语方面的历史功绩和影响力,将路德作为自己在德语上要达到的目标。然而,尼采在德语诗作方面的努力失败了。②这并非因为,尼采之前,歌德(尼采最敬佩的德国诗人)、荷尔德林(1770—1843)、诺瓦利斯(1772—1801)、毕希纳(1813—1837)、克莱斯特(1777—1811)在德语诗言方面撒尽才性,而是因为尼采自己作为诗人的才性天生不足。要是尼采真有盖世诗才,像里尔克(1875—1926)或者特拉克尔(1887—1914),要在德语诗言史上占据超人地位,并非没有可能。尼采的诗同海德格尔的诗一样,让诗人笑掉牙；尼采的散文和格言文体,至多与荷尔德林、小施勒格尔(1772—1829)、诺瓦利斯平分秋色,风格不同而已。

尼采是哲人,而非文人。他的所谓"诗化"或格言文体,仅仅作为哲学文章,才显出其超人气象。即便这种哲学文

---

① 弗里德里希·尼采,《扎拉图斯特拉如是说》,黄明嘉、娄林译,上海：华东师范大学出版社,2009(以下简称"如是说",随文注格言编号)。

② 青年尼采写有大量诗作,参 Friedrich Nieztsche, *Werke und Briefe：Historisch‑kritische Gesamtausgabe, Band I‑II, Jugendschriften 1854‑1864* ,Hans Joachim Mette 编,München,1934。

体,也不是尼采的独创。熟悉席勒、荷尔德林、诺瓦利斯、施勒格尔的人都知道,无论哲学的所谓"诗化"还是格言体,都是德国浪漫派的成就。即便这种成就也不是德国浪漫派的独创,不过是亚里士多德之前,尤其柏拉图之前文体的复活。

如果《扎拉图斯特拉如是说》是尼采最具个体才性的作品,这种个体独特性是什么?

问题仍然是:尼采是谁?

《扎拉图斯特拉如是说》是一部西方的哲学作品,叙说者却是一个非西方传统中人——既非尼采心仪的希腊哲人赫拉克利特,也不是《悲剧的诞生》中受到迷拜的希腊神人狄俄尼索斯,令人费解。扎拉图斯特拉何许人也?波斯宗教的先知。借波斯人的嘴说话,欧洲思想史上不是头一回——孟德斯鸠编造过《波斯人信札》。借波斯先知的嘴说话,也许表明尼采要站在欧洲思想传统之外的超然立场来评价欧洲精神。[1]

但《扎拉图斯特拉如是说》明显摹仿福音书的结构和叙事方式,分四部记叙扎拉图斯特拉的漫游、梦幻、遐想和"我实实在在告诉你们……",寓意的言说充满寓言、比喻。[2]圣经思想不是哲学:Quid ergo Athenis et Hierosolimis[雅典与耶路撒冷有何相干?](德尔图良语)。《扎拉图斯特拉如是说》还可以算哲学书?难道尼采暗中站在圣经立场反哲学,是反哲学的先知?

---

[1] Stanley Rosen, *The Mask of Enlightenment*: *Nietzsche's Zarathustra*, Cambridge University Press, 1995, 页 7–8。

[2] W. Wiley Richards, *The Bible and Christian tradition*: *Keys to Understanding the Allegorical Subplot of Nietzsche's Zarathustra*, New York, 1990.

虽然尼采称自己的话"像铁锤",明显学舌旧约先知书中的耶和华说:

> 我的话岂不像火,又像能打碎磐石的大锤吗?(《耶利米书》23:29)

但尼采并没有借犹太先知或者耶稣的嘴说话,他丝毫不想站到已经被基督教福音派占用了的圣经立场。扎拉图斯特拉的"如是说"摹仿福音书的叙事和教诲口气,不过为了与耶稣基督作对,其"如是说"言必反福音书中的耶稣之言。通过扎拉图斯特拉这个角色,尼采站到了犹太－基督教这一西方思想的另一大源头的对立面,他还能算先知?

也许扎拉图斯特拉的角色是狄俄尼索斯的化身,代表悲剧诗人反哲学的传统。可是,在扎拉图斯特拉的"激情洋溢中"和他站立的"高山绝顶之上",歌德、莎士比亚这些悲剧诗人的后代"可能会喘不过气来,但丁同扎拉图斯特拉相比,不过是个皈依者而已"。① 悲剧诗人的精神传统也被超越了,扎拉图斯特拉的身世不比狄俄尼索斯浅。

比较文学或者跨文化学者兴奋起来:看啊,尼采多么靠近东方、热爱东方……然而,尼采说,那帮编纂《吠陀经》的教士们"连给扎拉图斯特拉脱鞋的资格都没有"。

与耶稣主要对门徒"如是说"或苏格拉底不厌其烦地与弟子交谈不同,扎拉图斯特拉的"如是说"经常对自己说。扎拉图斯特拉重新"成人"之前说的第一句话是对太阳说的。

---

① 弗里德里希·尼采,《瞧,这个人》,格言6,张念东、凌素心译,见尼采,《权力意志》,北京:商务印书馆,1996(以下简称"这个人",随文注段落编号)。

扎拉图斯特拉自视为太阳,对太阳说,就是对自己说。

> 这样一个人,假如他自言自语,将用什么语言?纵酒狂歌的语言。(这个人:7)

扎拉图斯特拉的"如是说"难道是尼采的自言自语?

就算是罢。"喋喋不休地谈论自己,也可以是一种隐身(sich zu verbergen)手段。"[①]尼采在自传中明白说过,自己是"这种纵酒狂歌的发明者"(这个人:7)。尼采还说:历史上没有一个真正的哲人是"真正诚实的"(善恶:177)。倘若如此,尼采就仍然是一个哲人。只不过我们切不可轻率地把扎拉图斯特拉的"如是说"当作尼采的真言,扎拉图斯特拉这个角色是谁,并不重要。重要的是,扎拉图斯特拉的"如是说"可能是假话——偶尔夹杂几句实话。

> 真的,我劝告你们:离开我,并且抵制扎拉图斯特拉!最好因他而羞愧!也许,他欺骗了你们。(如是说:论馈赠的道德)

扎拉图斯特拉说他也许"欺骗了"我们,是随便说说?

没有真理,只有解释?

暂时先放下扎拉图斯特拉的"如是说"可能满纸假话这

[①] 弗里德里希·尼采,《善恶的彼岸》,魏育青、黄一蕾、姚轶励译,上海:华东师范大学出版社,2016,格言169(以下简称"善恶",随文注格言编号,引文由笔者自译)。

一问题,我们不妨首先问:扎拉图斯特拉的"如是说"究竟说的是什么?有可以称之为扎拉图斯特拉学说的东西吗?

按尼采自己的表白,《扎拉图斯特拉如是说》的"宗旨是永恒复返思想,也就是人所能够达到的最高肯定公式"(这个人:1)。依据这一告白,洛维特以为,"永恒复返"不仅是《扎拉图斯特拉如是说》的思想主题,而且是尼采思想的基本学说。

> 无论愚蠢还是睿智,永恒复返说都是理解尼采哲学的钥匙,并且说明了尼采哲学的历史意义,因为它重新复活了早期基督教与古典异教的争执。①

海德格尔对自己昔日学生的这种说法不以为然,"尼采的扎拉图斯特拉是谁?"的演讲勾销了这一说法:"永恒复返"说的确出现在,而且主要出现在《扎拉图斯特拉如是说》中,然而,这种学说既无法说明,也无可反驳,仅仅带出值得思议但又有如"面相之谜一般的"问题。②海德格尔虽然没有说"永恒复返"可能是大假话,至少暗示不是尼采的真言。

谜底在于"权力意志"的提法。③ "永恒复返"与"权力意志"具有"最为内在的关联",是重估价值思想的一体两面,似乎"永恒复返"是隐微表达(不等于假话),"权力意志"

---

① 卡尔·洛维特,《世界历史与救赎历史》,李秋零译,北京:生活·读书·新知三联书店,2002,页255-256。

② Martin Heidegger, "Wer ist Nietzsches Zarathustra?", 见 Martin Heidegger, *Vortrage und Aufsatze*, Pfullingen, 1954, 页119。

③ 比较弗里德里希·尼采,《权力意志》,张念东、凌素心译,北京:商务印书馆,1996(以下简称"意志",随文注格言编号,译文据德文原文有改动);比较尼采,《权力意志》(上下卷),孙周兴译,北京:商务印书馆,2007。

是显白表达。海德格尔断言,如果没有把握到这两种表达"最为内在的关联",并"理解为西方形而上学中的基本设问,我们就绝无可能把握尼采哲学,也不可能理解二十世纪和未来的世纪"。①

权力意志论是尼采的真言,亦是尼采思想的历史功绩,它颠倒了柏拉图主义的基本学说——对于存在的理解。沿着这条可以称为本体-认识论的解构之路,海德格尔开始解释尼采解构整个西方形而上学传统的"革命性"行动:尼采是西方形而上学传统的最后一人,以摧毁这一传统的方式继承了柏拉图主义的精髓。权力意志论不过是在谢林那里达到顶点的唯意志本体论的结果,因而是西方形而上学的最后表达,预示了技术统治时代的到来。②

某些后现代思想家并不理会海德格尔的形而上学谱系论,但也对尼采的"权力意志"思想入迷,以为其中隐藏着"生肌权力"(biopower)的启示。福柯钟情的既非《扎拉图斯特拉如是说》,也非《权力意志》,而是《道德的谱系》(1887)。③

然而,"为什么尼采要对追求起源提出挑战"?

回答是:"为了揭示通体打满历史印记的身体,并揭示历史摧毁这个身体的过程。"④"权力意志"不是柏拉图主义存

---

① Martin Heidegger, *Nietzsche*, Pfullingen, 1961, Band I, S. 26 – 27.
② 格尔文,《从尼采到海德格尔:对海德格尔论尼采作品的批判性评论》(默波译),见《外国哲学资料》,7辑,北京:商务印书馆,1984,页252。
③ 尼采,《道德的谱系》,周虹译,北京:生活·读书·新知三联书店,1988(以下简称"谱系",随文注卷数及段落编号)。
④ 福柯,《尼采、谱系学、历史》(朱苏力译),见贺照田主编,《学术思想评论》,第四辑,长春:吉林出版社,1999,页384 – 387。

在论的痕迹,而是显露身体的标记。通过"权力意志"的提法,尼采展露出生命的本原现象。德勒兹由此得到启示:凡考虑到生命的思想都分享了其对象的权力(power),因而必然会面对权力的策略。

于是,尼采的"权力意志"论成了德勒兹最后的思想。《什么是哲学》的结尾透露,尼采教德勒兹把生命定义为绝对的直接性、"无需知识的纯粹沉思"、绝对的内在性,是福柯临终都还在思考的"生肌权力"。"永恒复返"既是宇宙论的,更是"生理学说",是"生肌权力"的生成论。①

尽管撇开了海德格尔的形而上学史的尼采解释,德勒兹的尼采解释仍然进入了现代哲学中超验论与内在论的对立,试图接续由斯宾诺莎发端、尼采彻底推进的内在论谱系。对于海德格尔,理解"权力意志"中的形而上学问题事关"未来的世纪",同样,据说生肌权力的"生命"概念"作为福柯和德勒兹思想的遗产,肯定将构成未来哲学的主题"。②

对如此发微尼采的"纵酒狂歌",将歌词阐发为"存在学说"或"生肌权力"学说,德里达给了尼采式的摧毁:尼采文章根本没有隐含什么确定的学说,也没有什么最终含义。发微或阐发尼采学说的人都忘了尼采的说法:这个世界没有真理,只有解释(善恶:34)。要从尼采"纵酒狂歌的语言"中找出某种学说,就像大白天打着灯笼在街市上找上帝。

尼采文章总用两种甚至多种声音说话,因为他对世界的

---

① 参 Gilles Deleuze, "Active and reactive",见 David B. Allison 编,*The new Nietzsche*, MIT. Press, 1985,页 85 以下。
② Giorgio Agamben, "Absolute Immanence", in: Giorgio Agamben, *Potentialities: Collected Essays in Philosophy*, Stanford University Press, 1999, pp. 220 - 242.

肯定是一种思想游戏,要求风格的多声道。风格成为思想本身,没有尼采,只有 the Nietzsches(尼采们)。尼采善用短小语句,这些语句如果与其总体风格分开,根本不可理解,而且经常自相矛盾。尼采文章因此有无限制的解释可能性,哲学在他那里成了无限的解释。[1]德里达不仅挑战海德格尔的尼采解释,也瓦解了福柯-德勒兹的尼采解释。这些尼采读法仍然受传统的真理问题支配,依附于某种形而上学幽灵,难怪他们看不到尼采文章的多面孔。

话虽如此,德里达的尼采解释依然得自海德格尔的尼采解释,恰如海德格尔的尼采解释方式来自尼采对传统形而上学的摧毁。把尼采看成彻底摧毁形而上学逻各斯的先驱,而不是形而上学的最后完成,难道不是海德格尔式解释学行动的继承、发扬?[2]

再说,与内在论对立的超验论谱系,从康德经胡塞尔传到了列维纳斯(1906—1995),海德格尔恰恰站在两个谱系的转换关节点——胡塞尔与尼采交汇的地方。

的确,尼采文章大都不像"学术"论文,这使得人们很难从其论述形式中找到其思想主张的内在理路。即便可以归结出所谓"权力意志""重估价值""超人哲学""永恒复返"

---

[1] Jacques Derrida, *Spurs: Nietzsche's Styles*, University Chicago Press, 1978; Jacques Derrida, "Nietzsches Autobiographie oder Politik des Eigennamens", in: M. Frank/F. A. Kittler/S. Weber (hrsg.), *Fugen. Deutsch-Französisches Jahrbuch für Text-Analytik*, 1980, Olten und Freiburg im Bleisgau, S. 64-98.

[2] 参 Allan Megill, *Prophets of Extremity: Nietzsche, Heidegger, Foucault, Derrida*, Uni. California Press, 1985; Ernst Behler, *Derrida-Nietzsche, Nietzsche-Derrida*, Paderborn, 1988。

一类学说,实际上都依赖于重新组织尼采的话。解读尼采,解释者不得不明确摆出自己的解释框架,不能像解释其他思想家比如康德、黑格尔那样,躲在他们的思想框架中做出自己的解释。海德格尔、福柯、德勒兹、德里达的尼采解释,哪个不是以自己的哲学框框为基础?

洛维特可能没有看错:海德格尔的尼采解释的革命性,并不在于追随尼采摧毁西方形而上学传统,而在于不理会尼采文章自身,自己说自己的。①

勾销尼采书写的内在实质,代之以多声风格,尼采就不在了。然而,真的再不可能找到尼采?尼采是谁,真的没有可能回答?即便多声风格,也非尼采的发明。柏拉图的对话充满了不同声音,能肯定苏格拉底的声音一定是柏拉图的声音?基尔克果用过一打笔名,哪一个是他自己的声音?在多声风格或笔名书写中,柏拉图或基尔克果并不是不在了,仍然有可以叫作柏拉图或基尔克果思想的痕迹。角色或笔名都很可能是"隐身手段",正因为有"身"要隐,才发明了多声风格或笔名书写。尼采这个人在"风格"中隐藏自身,而不是根本没有尼采之"身"。

扎拉图斯特拉"如是说"之后,尼采本打算写自传。"自传"就是谈论自己。如果扎拉图斯特拉的"如是说"是尼采"自言自语",何需再写自传?写自传的愿望,表明尼采在"隐身手段"中说话感到别气、不能畅言。然而,尼采放弃了写自传,代之以《善恶的彼岸》《道德的谱系》《偶像的黄昏》……

---

① 参卡·洛维特,《释海德格尔〈尼采的话"上帝死了"〉所未明言的》(冯克利译),见刘小枫编,《尼采在西方》[增订本],上海:华东师范大学出版社,2010。

《敌基督者》,然后才作了自述(《瞧,这个人!》),然后才"惨死在思想的十字架上"(托马斯·曼语)。①

从《善恶的彼岸》开始,尼采文章越来越多地自我引证——引征自己的作品,《瞧,这个人!》更是大段抄录。德里达很可能被尼采"没有真理,只有解释"的话骗了。并非没有一个尼采,"尼采们"不过是尼采的身影——就像他一本书的书名"漫游者和他的影子"。尼采不是后现代的非逻各斯论者,他追求真理,只不过不直言真理。德里达没有去问为什么尼采不直言真理,反而以为尼采的言说证明根本没有真理,实乃典型的后现代的自以为是。

扎拉图斯特拉口中的"蟒蛇"

姑且不谈尼采公开发表的论著,尼采从来没有打算发表的书信、明信片可以证明,"永恒复返""权力意志""重估价值"的确是尼采想要说的"学说",它们是否就是尼采想说的真理,倒一时难以确定。

在据尼采自己说宗旨为"永恒复返思想"的《扎拉图斯特拉如是说》中,"权力意志"已经出现了。在题为"论自我克服"(Von der Selbst – Überwindung)一章中,扎拉图斯特拉说到:世界上有两种权力意志,因为世上有两种人,一种是爱

---

① 弗里德里希·尼采,《偶像的黄昏》(1988),卫茂平译,上海:华东师范大学出版社,2007(以下简称"偶像",随文注格言编号);弗里德里希·尼采,《敌基督者》(1988),吴增定、李猛译,见刘小枫编,《尼采与基督教》,吴增定、田立年译,香港:道风书社,2001(以下简称"敌基督",随文注段落编号)。

智者,一种是民众。爱智者身上的热情堪称"求真意志",其实质是要"所有的存在应当顺从"自己,如此意志就是一种权力诉求:

> 你们意欲创造一个你们可以屈尊崇拜的世界:这就是你们的终极希冀和陶醉。(如是说:论自我克服)

这是尼采文本中较早明确谈到"权力意志"的段落,而且说到的是两种不同的"权力意志":民众也有自己的"权力意志",这种权力来自他们所相信的善善恶恶的伦理。如果我们要搞清尼采所谓的"权力意志",究竟该去把握哪一种"权力意志"?扎拉图斯特拉接下来的"如是说"马上使得这一问题变得不那么重要了。善用比喻的扎拉图斯特拉继续说:

> 不智慧的人自然是民众——他们犹如一条河流,河上一叶轻舟向前漂流:舟上载着种种庄重而隐匿的价值评估。(如是说:论自我克服)

这段"如是说"使得我们的关注转到这样一个问题:尼采为什么要谈"权力意志",是在什么语境中谈的?

河川与小舟的比喻,让人想到"君者,舟也;庶人者,水也。水则载舟,水则覆舟"的中国政治古训——荀子在说到"庶人安政,然后君子安位"时引述了这句古训(见《荀子·王制》)。Wille zur Macht 究竟该译成"权力"还是"强力"意志的争纷可以休矣!民众为河川、爱智者为小舟,两种权力意志明明说的是统治和被统治的政治关系。值得关心的倒是,既然爱智者和民众都有权力意志,凭什么就应该是爱智者统治民众。

两种权力争夺支配权,哪一种权力应该占上风?按扎拉图斯特拉的意思,权力的高低来自价值,权力关系是以价值评价为基础的。真正的价值当然应该货真价实,求真的意志才可能获得真正的价值,因而就应该拥有更高的权力。

如果问世上谁应该统治,回答当然是有求真意志的人,求真意志才能辨别价值的真伪、排列价值的高低秩序,统治的正当性就基于这种高低有序的价值秩序。谁在求真?不是君王,也非民众,只有哲人。"求真意志"是爱智者的权力意志,因此它应该支配民众的权力意志(善善恶恶)。这里的所谓哲人,看来不像是如今有专业知识的知识分子,倒像柏拉图所谓的哲人-王。

既然更高的权力来自更高的价值,而不是恰恰相反,爱智者就应该展示出自己求得的价值,为什么扎拉图斯特拉又说爱智者得把自己的"价值评估""隐匿"起来?是否因为"凡民众信以为善或恶的,无不流露出一种古老的权力意志",爱智者的意志尽管求真,却敌不过民众信奉的价值"古老的"力量?

扎拉图斯特拉教诲了爱智者的"权力意志"就是权力者"要当主子的意志"后,马上说道:

> 你们这些价值评估者啊,你们以自己的善恶价值和言语行使你们的权力;这就是你们隐而不彰的爱和你们灵魂的光辉、战栗和激奋。
>
> 然而,从你们的评价中产生一种更强的权力,一种新的征服:因它之故,蛋和蛋壳都破碎了。(如是说:论自我克服)

扎拉图斯特拉当时大谈"求真意志",越说越忘乎所以,

几乎就要把"隐匿的"真理讲穿,兴奋得忘了这真理本来说不得,必须隐藏:

> 你们最智慧的人啊,让我们对此谈个够吧,尽管这不大好。但沉默更糟,真理一旦被隐瞒,就会变得有毒。(如是说:论自我克服)

是否为了不让"蛋和蛋壳都破碎",爱智者得把自己的"价值评估""隐匿"起来?"蛋和蛋壳都破碎"究竟是什么意思?

在这段扎拉图斯特拉的"如是说"中,权力意志与重估价值的确显出内在的紧密关联。尽管没有用到"永恒复返"的字眼,但河川不能自己流动,是某种更为自然的东西在使它流动,这就是"永恒复返"。然而,相当明显,这段"如是说"的经脉不在海德格尔所谓形而上学"最内在的关联",而在爱智者与民众的统治与被统治关系——这意味着,两种权力意志之间存在政治冲突。

所谓"自我克服",听起来是一个道德哲学论题,实际上事关向民众隐瞒真理,"自我克服"就是哲人克服想向世人宣讲货真价实的真理的冲动。那些到尼采的"权力意志"概念中去沉思形而上学残余或者发皇身体权力的人,看来被尼采的其他话蒙骗了。

扎拉图斯特拉"如是说"之后,为什么尼采没有写自传?现在可以有把握这样讲:尼采感到还不到把"隐匿着的"真理说穿的时候。

《扎拉图斯特拉如是说》"从语言上说是真正的壮举","也许只有《善恶的彼岸》的行业工匠歌手序幕中的精湛分析能与之比肩"。①果然,《善恶的彼岸》开篇讨论了爱智者的"偏见"后,接下来就谈到爱智者有这样一种"权力意志的权利":杀死道德的上帝,也就是杀死民众赖以为生的善善恶恶伦理的古老权力,永世不可让民众依自己的权力意志起来造反。末了,尼采斩钉截铁宣称:哲人的权力意志之外,"一切皆无"(善恶:36)。这无异于说,只有爱智者的"求真意志"才应该有绝对的、至高的主权。

紧接着,尼采讲了一句诡异的话:

> "这是怎么回事?这不是大白话么:上帝受到了驳斥,魔鬼却没有?"恰恰相反!相反,我的朋友们呐!真该死,谁强迫你们说大白话(popular zu reden)来着!(善恶:37)

尼采在身前未刊的笔记中曾谈到堪称伟人的三项条件:除了"有能力从自己生命的巨大平面出发修炼自己的意志力"和不怕舆论、敢于蔑视"群畜道德"外,最重要的是"不能泄露自己的天机",像《道德经》上说的,"知我者希,则我贵矣。是以圣人被褐而怀玉"。

> 假如有人识破了自己的真面目,他认为是不寻常的。当他不对自己说话时,他就要戴上面具。他宁肯说假话,而不想讲实话。因为,说假话要耗费更多的精神和意志。(意志:962)

有一回,扎拉图斯特拉与一个"来自幸福岛的人"出海航

---

① 托马斯·曼,《从我们的体验看尼采哲学》,见刘小枫编,《现代性中的审美精神》,上海:学林出版社,1997,页546。

行。在船上的头两天,扎拉图斯特拉一直没有说话,船上大多是侏儒,而他是"远游者和冒险家的朋友",与侏儒哪有什么话可说。实在闷得慌,扎拉图斯特拉终于忍不住给侏儒宣讲起"永恒复返"教义,讲得起劲时,突然被心中的一阵狗吠打断:

> 我如是说着,声音压得越来越低,因为我害怕自己的思想和隐念。蓦然,我听见一只狗在附近吠叫。

接下来,扎拉图斯特拉做了一个怪异得可怕的白日梦,梦见自己"突然置身乱石丛中,孤独而荒凉,在最荒凉的月光里",眼见一颤抖、哽咽的年轻牧人口中垂着一条黑色蟒蛇,慢慢爬进一只雏公鸡嘴里……(如是说:论面貌和谜)

中国民间有一种"黄道秘术",据说修得这秘术可以赶鬼和施魔(最起码可以让打你的人痛而挨打的你自己不痛)。修炼此功必须在僻静处,尤其不能听见狗叫或被女人撞见,否则前功尽弃——为何非得避女人?《书》上说了:"牝鸡不晨;牝鸡之晨,惟家之索。"

修得这秘术的基本功之一,就是练习对自己知道的真相守口如瓶。扎拉图斯特拉做的那白日梦,分明是他泄露天机后产生的恐惧:牧人口中的"蟒蛇"如果非要爬进"雏公鸡嘴里",雏公鸡不被撑死才怪!

口吐蟒蛇的"牧人"是谁?雏公鸡又指谁?

《扎拉图斯特拉如是说》是尼采一生中唯一一次明目张胆戴上一副脸谱面具说话,不像在其他场合,用种种隐形面具。从扎拉图斯特拉的如此惊恐可见,尼采何等在意说还是不说自己的真实世界观。

早在青年时期,尼采就被真理与假话的关系问题搞得精疲力尽。《从道德之外的意义看真理和假话》这篇文章,尼采身前没有公之于世。文章头三节写得规规矩矩,言辞不带丝毫夸张、浮躁、反讽,随后十来节草率得像提纲,似乎没有耐心把这个题目再写下去。第一节中有一句话值得注意:

> 就个人希望保护自己反对其他人而言,他的智力一般多用来作假。但就在同时,由于无聊,也因为必要性,他又希望社会合群。他不得不和好,并从他的王国尽可能消除至少最明目张胆的"人对一切人的战争"。这一和平协议带来的影响似乎是通向获得那令人困惑的真理冲动的第一步,从此就有了"真理"一说。①

扎拉图斯特拉的"如是说"显然没有解除真理与假话的紧张,尼采还处于说还是不说的两难中。等到《敌基督者》解除说还是不说的紧张,写自传的时刻到来,尼采的日子也满了。这样的结局,其实扎拉图斯特拉早就晓得:"真的,哪里有毁灭,哪里有树叶飘落,瞧,哪里就有生命的牺牲——为了权力!"(如是说:论自我克服)

尼采思想中看来有某种实实在在的紧张——真实与假话、两种权力意志或者哲人与民众的紧张,这是否才是真正需要沉思的尼采?无论发微尼采的基本学说,还是在"尼采

---

① 弗里德里希·尼采,《哲学与真理:尼采 1872 – 1876 笔记选》,田立年译,上海:上海三联书店,1993,页 102(以下简称"笔记",随文注页码)。该书收有若干尼采身前未刊的早期论著,比如《从道德之外的意义看真理和谎言》(*Über Wahrheit und Lüge im aussermoralischen Sinne*,1871)、《哲人是医生》(*Der Philosoph als Arzt*,1873)、《最后的哲人》(*Der letzte Philosoph*,1872)等,但没有收入《古希腊式国家》(*Der griechische Staat*,1871)、《荷马的竞赛》(*Homers Wettkampf*,1872)。

们"之间飘飘然,都可能是尼采所谓"劣等哲学家的偏见"。是否可以也像海德格尔那样说,如果没有把握到尼采说还是不说的紧张,"我们就绝无可能把握尼采哲学,也不可能理解二十世纪和未来的世纪"?

"蒙谤忍垢而不忍白焉"

康有为(1858—1927)直到仙逝都没有刊印《大同书》十部(合柏拉图《王制》卷数!),其弟子曾在《不忍》月刊连载头两部,当时,康子仍在海外流亡。数月后康子返国,马上阻止继续刊登。康子早已演成"大同之义",为什么在世时不愿公之于世?若说康子自感此书还不圆满,从《不忍》月刊连载到他仙逝,有十几年时间,足以修润。

当然,"大同之义"与康子一向讲的"虚君共和"改制论明显有矛盾:改制仍然要维系传统伦理,并不是达至大同境界的步骤。"虚君共和"是现世的政治法理,"大同之义"是理想的万世大法,根本是不同的政治原则。

这一矛盾会影响到公布《大同书》吗?有的思想史家(如萧公权)以为,这有什么值得大惊小怪啊?用西学对康子的影响就可以圆通。思想史大师施特劳斯告诫,面对大思想者明显的矛盾必须慎微,留心此处可能有难言之隐。朱维铮教授就有这种审慎,他以为康子不公布《大同书》可能"别有缘故"。[①]

[①] 朱维铮,《求索真文明:晚清学术史论》,上海:上海古籍出版社,1996,页231-258。

不过，康子最终"不能言"为万世开太平之义，究竟因为康子"秉性之奇诡"（梁启超），抑或因为他还没有为乌托邦找到历史"实例"（朱维铮）？康子自己称"言则陷天下于洪水猛兽"，难道是随便说说？

公羊家有大义微言之说，大义显而易见，微言隐而难明：所谓"隐微不显之言"或"精微要妙之言"。有的公羊家也把"大义"与"微言"说成本质上一回事：微言比大义更为隐晦而已。真的如此？非也！大义微言之别，小康大同之辨也！百姓自有百姓生涯，不能承受圣贤人的大同之世，小康世已是最高的生活理想。

《春秋》大义明是非、别善恶、诛暴乱，此"封建"大义专为小康世而设，中材之人已经可以得大凡。但"封建，势也，非孔子本意"（康有为《万木草堂口说·王制》）。孔子的本意寓于微言，非中材以上不能知。小康世平庸之极，圣贤人会活得百无聊赖。百姓与圣贤人的生活理想扞格难通，圣贤人心知肚明，却又不得明言：

> 民不可使知，故圣人之为治，常有苦心不能语天下之隐焉。（《康子内外篇·阖辟篇》）

为什么不能言？"言"就是要变成社会现实。要是真搞大同世，像宋儒或现代心学大儒把微言转变成大义，其结果必然是：

> 致使亿万京陔寡妇，穷巷惨凄，寒饿交迫，幽怨弥天，而以为美俗！（《大同书》）

康子说"言则陷天下于洪水猛兽"，就像扎拉图斯特拉说

"蛋和蛋壳都破碎了",绝非随便说说。"虚君共和"论乃"大义","大同之义"是"微言"。梁子谓康子"始终当以小康义救今世",可能深谙师心。康子虽不晓得柏拉图氏有"高贵的假话"术,却谙"道心惟微"(《古文尚书》)、"大道可安而不可说"(《管子·心术上》)等古训,懂得"大人者,言不必信"(《孟子·离娄上》),所以才"蒙谤忍垢而不忍白焉"。

"不忍白"不等于不说,微言并非不言。微言是已经说出来的话,不过隐而难明而已。公羊家坚持微言是口说,口口秘传,口传的才是真言。但口说的意思是不形诸文字吗?孔子微言在《春秋》,《春秋》已是文字,只不过后人不得望文生义,要懂得区分字面上说的和其中隐藏着的"非常异义可怪之说"。

康子所谓孔子本意靠口说相传,到董子才形诸文字,并非指孔子本意通过子夏、公羊子等口传到《春秋繁露》才写成文字。

> 《春秋》之意,全在口说,口说莫如《公羊》,《公羊》莫如董子。(康有为《万木草堂口说·孔子王制二》)

《春秋》、《公羊》、董氏《春秋》都是文字的东西。形诸文字的含义因此是,用时人可以明白的话来写,微言意味着用时人不明白的话显白地说,所以董子之言仍然"体微难知,舍例不可通晓",与口说没有什么分别。口说与形诸文字之别,有如大同小康之辨,两种不同的书写——隐微的和大义的书写隐含着两种不同的政治原则。

所以,《礼运》说小康世,"天下为家,言礼多而言仁少",大同世"天下为公,言仁多而言礼少"(康有为《万木草堂口说·礼运》)。《礼运》与《春秋》都是文字的东西,却有"言"

与"不言"、文字与口说的不同。

为什么非要分别口说与笔写?

柏拉图对话中的苏格拉底讨论过这一问题。苏格拉底也说,文章有口说和笔写两种,笔写的文章要面对民众的信仰——民众以为正义、善和美的,这种一来,写文章的爱智者就无法把自己的真正看法讲出来,除非假定民众在德性和智性上与爱智者相同。笔写的文章有说服效果,但"说服靠的是这[大多数人认为正确的东西],而非真实"(《斐德若》260a)。① 立法者(就是爱智者)为了让民众信服,就得装出顺着民众心意说的样子,笔写的文章无异于欺骗或迷惑民众。欺骗或迷惑民众是必须的,因为"说到正确或好",立法者与民众"各有各的看法",而且"互相不一致"(《斐德若》262a5)。

做文章必得讲究修辞术,修辞术不是如今新闻学、秘书学中的文章作法一类的技巧。习修辞术,关节点并不在于学会笔写文章的文法修辞之类,而在于掌握民众的信仰和心意:

> 想要成为言辞家就不可避免得看清楚,灵魂有多少样子[形式]。(《斐德若》271d4)

由于民众有各种各样的,民众认为的正义、善和美经常自相冲突,笔写文章的人就得"能够用敏锐的感觉去体察它们"。目的只有一个,让民众信服自己(《斐德若》271e)。归根结蒂,修辞术涉及国家的真理、正义和善行,属于统治"法术"之类。苏格拉底说,没有把握这一点,就没有懂得"修辞

---

① 柏拉图《斐德若》译文均出自笔者本人。

术的秘诀"。

可是,爱智者(哲人)或贤人的本分是忠诚于神明而非民众,忠诚于真理而非民众的意见。为了忠诚于神明和真理,爱智者(哲人)还有一种"用知识写在习者灵魂中的那种[言辞],它有能力卫护自己,而且懂得对谁该说、对谁该缄默"(《斐德若》276a5)。

苏格拉底说得再清楚不过:口说的文章不等于没有文字——毋宁说,它"既是活生生的,又有灵魂,那由此写成文的东西正确地该说成一种映像"(《斐德若》276a5)。所谓不形诸文字(口说),并不是不写下来,而是不形诸显白的文字(有如《礼运》),藏于隐微的文字(有如孔子造春秋),以至于"惟有明白真理的人才最会看出真理的类似"——如古人所说:

> 观其所以微见其意者,皆圣贤相与警戒之义。(苏轼,《留侯论》)

如此说来,爱智者(哲人)说假话、欺骗或迷惑民众竟然是一种美德?

有德性的苏格拉底可没有这样认为。爱智者的说假话不是一种美德,而是一种"药物"($\varphi\alpha\rho\mu\acute{\alpha}\kappa o\nu$):

> 说假话对于神明毫无用处,但对于凡人,作为一种药物还是有用的。

哲人是国家的医生,医生才知道用药,病人如何用得?用药事关国家大事——国家的正义、善和美。

> 国家的统治者,为了国家的利益,有理由用假话来

应付敌人,甚至应付公民。其余的人一概不准和它发生关系。如果一般人对统治者说假话,我们以为这就像一个病人对医生说假话。(《王制》389b – c,中译本页88)①

不过,哲人还不是统治者,哲人为王的国家还没有出现过,至多是一种政治理想,何况这理想真要成为现实,是祸是福还说不定——这正是苏格拉底(说是柏拉图也一样)最终要讨论的,绝非某些后人(如波普尔)以为的那样,已经有了肯定的结论。所以,哲人"高贵的假话"不仅针对民众,也针对君王(《王制》413e,中译本页127)。哲人对国家的责任是,尽量使得民人与君王和谐相处。要是"民人恨君王,君王算计民人……他们就会和国家一起走上灭亡之路,同归于尽"(《王制》417b,中译本页131)。

这都是政治的事情,尼采的说还是不说与政治有什么关系?他不是诗人哲学家、美学家吗?除了为战争中的国家服务过,尼采从来没有像马克思那样参与实际政治活动,而是专心做自己的语文学教授、写自己的书、玩女朋友、听音乐……

纳粹党报曾经明确表示欣赏尼采的思想,于是,尼采的名声在国际社会中就与纳粹恶名分不开了。五十年代以来,德裔美国学人考夫曼(1921—1980)为洗清尼采身上的纳粹恶名不遗余力,除了勤奋迻译尼采笔写的文章,还致力从审美论和心理学角度诠释尼采,将尼采思想与政治隔离开来:"权力意志""重估价值""超人哲学"不过有审美的生命哲学

---

① 柏拉图,《理想国》,郭斌和、张竹明译,北京:商务印书馆,1986,以下只随文注页码。

含义,是一种真诚的价值哲学。①

苏格拉底说过:

> 以为可以在文字中留下一门技艺,以及反过来,接受了它便以为从文字那里会得到清清楚楚或牢牢靠靠的东西,头脑恐怕都过于简单。(《斐德若》275c5)

尼采显然不是前一类人,考夫曼则肯定"头脑过于简单"。

> 稀罕的声音只能稀罕的耳朵才能分辨,稀罕的思想只有稀罕的思想才能解释。(尼采语)

洛维特记得,海德格尔第一次引用尼采的话"上帝死了"是在1933年的校长就职演说中。海德格尔当然早就知道尼采的这句话,为什么偏偏在这时引用?偶然的巧合?尼采说到过"大政治",至少在当时,海德格尔以为"大政治"的机缘来临了。但"上帝死了"与"大政治"有什么关系?不管怎样,尼采文章中有政治的声音,美学家和文学家们听不见,没有什么好奇怪,他们的气质和天性"不宜听"稀罕的声音(善恶:30)。

1936年,海德格尔开始在大学讲堂讲解尼采,持续近十年,伴随纳粹政权的兴衰。这是偶然的吗?

在战后海德格尔写给"清洗纳粹分子委员会"的交待材料中,这些尼采讲座和演讲成了他与纳粹事业摆脱干系的证据。海德格尔的说法是:他将尼采思想解释为反抗虚无主义等于自己在反抗纳粹,因为法西斯主义不过是虚无主义的政

---

① Walter Kaufmann, *Discovering the Mind vol. II : Nietzsche, Heidegger, and Buber*, New York, 1980.

治形式——"尼采根本不能与民族社会主义运动等同起来","我在有关尼采的系列讲座中表露出了同样的精神抵抗"。①

阿伦特信了海德格尔的说法还情有可原,好些当代哲人也真信,称其"尼采讲座"为重大的政治转向,就有点让人莫名其妙。至少海德格尔自己已经说明,他对尼采哲学做出形而上学存在史的解释,本身恰恰是一种哲学的政治姿态。考究文本则不难看出,海德格尔的"尼采讲座"可能反驳了纳粹思想背后的形而上学提法,但并没有反驳纳粹的政治行动。②也许可以这样说,海德格尔反驳的仅是现代哲人王(纳粹)的大义,而非其微言。

何为纳粹的"微言",尼采哲学与纳粹政治的关系究竟如何,问题都不简单。沃格林的如下论点不是没有道理:

> 纳粹思想的类型并非尼采的理智良知的感觉传染的,纳粹思想根本无法与尼采的神秘主义扯在一起,除非说这两种现象都是基督教的危机症候。③

这个问题太深奥、太烫手,还是暂且不说为好——不管怎样,

> 重新提出尼采思想来讨论而又不触及其思想的政治方面,显然成问题。某种程度上讲,尼采的政治思想

---

① Hugo Ott,《海德格尔与非纳粹化运动》(刘清平译),见《开放时代》,2000 年第 5 期,页 97 - 98。

② Tom Rockmore, *On Heidegger's Nazism and Philosophy*, University California Press, 1997, pp. 172 - 175.

③ 沃格林,《尼采与帕斯卡尔》,见刘小枫编,《墙上的书写:尼采与基督教》,北京:华夏出版社,2004,页 42 - 87。

不可能与其思想的其他方面分开。①

然而,究竟应该如何把握尼采思想的政治实质?是否应该像俄国哲人弗兰克在批判虚无主义伦理学时所说:

> 一切运动的目标或策略归根结底都依循和取决于知识人的精神力量——他们的信仰和生活经验、评价和兴趣、理性和道德气质,因此,政治问题本身就是文化——哲学和道德问题?②

或者,像新左派那样,从所谓实践哲学角度解释尼采思想?

据说,尼采对于权力意志的各种说法(激情、解释、反应意志)确定了探究权力的范围,而不是形而上地规定权力的基本内容;权力意志都与人的经验和行动的可理解性相关,因而,权力意志是一个批判的实践本体论概念。尼采的谱系方法差不多就是一种历史唯物论方法了,认定虚无主义为历史哲学问题,恰恰触及虚无主义的历史本质。权力意志的概念当然有价值论的含义,然而,其中内在地包含着历史的实践,把传统上所有与行为相干的概念都从形而上学领域转到了实践哲学的价值论领域:占有价值是通过自我解释得到的,而自我解释就是人的意志的条件。③总而言之,在尼采那

---

① Bruce Detwiler, *Nietzsche and the Politics of Aristocratic Radicalism*, University Chichago Press, 1990, p. 5.
② 谢苗·弗兰克,《俄国知识人与精神偶像》,徐凤林译,上海:学林出版社,1999,页46。
③ Mark Warren, *Nietzsche and Political Thought*, MIT Press, 1988, p. 114ff.

里,据说人的实践是哲学的基本问题。

尼采哲学的政治含义真的如此?

尼采原来打算写的第一本书,不是《悲剧的诞生》,而是《古希腊式国家》。但刚刚写了开头,尼采就放弃了,代之以《悲剧的诞生》。用今天的学科分类来说,尼采从政治哲学转到了审美哲学。然而,放弃《古希腊式国家》改为《悲剧的诞生》是一种学科转变吗?在这种转变的同时——亦即写作《悲剧的诞生》之时,尼采还写了相当正规而且完整的学术论文《从道德之外的意义看真理和假话》以及"哲人是医生"的写作提纲,它们与《悲剧的诞生》是什么关系?

尼采首先是古典语文学家。古典语文学的基本功夫是,把文字上并不太难(显白)而含义艰深(隐微)的柏拉图对话的希腊语原文念得烂熟。尼采修读古典语文学时,一定对《斐德若》和《王制》中那些谈到哲人在城邦中的位置以及医生、药物、假话的段落大为震惊,不然他写那些关于真理与假话、关于哲人即医生的笔记和写作提纲做什么?前苏格拉底哲人说,哲学起源于对为何有某物存在而不是虚无的惊异。

尼采的哲学思考却似乎与柏拉图一样,起源于对"哲学是药物"、哲人是国家医生一类说法的震惊。哲学问题首先不在于沉思什么、用何种"哲学方法"想问题,而是如何处置哲人或哲学与民人的关系。哲学与民人的关系问题是第一性的,先于哲学之所思的东西。从这一意义上说,哲学首先而且本质上是政治的:"这个世界没有真理,只有解释",可谓对哲学本质的精辟说明。哲人不仅应该对自己沉思什么有自觉意识,同样重要甚至更重要的是对自己的言说有警觉意识——清楚自己对谁说、如何说(今人倒过来问:谁在说)。

在"哲人是医生"的写作提纲中,尼采激动地记下了这样

的思考:哲人耽于心智、追求真理,但民人不可能追随哲人,民人不过沉思生活,也不追求真理。尼采问:

> 哲人与民人的关系是必然的吗?[……]对于自己民族的文化,一个哲人能做什么?(笔记,页92)

这样的问题在扎拉图斯特拉身上变成了如此噩梦:"年轻牧人口中"吐出的"黑色蟒蛇"可以"爬进一只雏公鸡嘴里"。

> 哲学和民人。没有一个伟大的希腊哲人是民人的领袖,最多可以说恩培多克勒(在毕达戈拉斯之后)曾经有过这样的企图,但他并不打算用纯粹的哲学来领导民人,而是利用民人的一种神秘工具。其他哲人从一开始就拒斥民人(赫拉克利特)。有些人把一个高高在上的受教育集团作为他们的公众(阿拉克萨戈拉)。苏格拉底最具民主和煽动倾向:结果是各种宗派的建立,因而是一个反证。在像这样一些哲人无能为力之处,更次要的哲人如何可能指望有所作为?在哲学的基础上,根本不可能建立起一种大众文化。(笔记,页97)

尼采从柏拉图的作品中感到,"哲人的忧患"乃是"假话和思想冲突的痛苦无处不在"(笔记,页155)。岂止"忧患",还有"危险"。苏格拉底试图让哲人在一个民主国家中活得正派,结果导致民众信仰秩序大乱,自己也落得个民人公审的下场。对希腊哲人中苏格拉底这唯一的"反证",扎拉图斯特拉没有忘记——"蛋和蛋壳都破碎了"。

> 最智慧的人啊,你们把那些宾客置于小舟上,并饰以华丽和自豪的名号——你们和你们的统治意志啊!

> 河流载着你们的小舟前行：它必须承载小舟。浪花是否飞溅，是否怒遏船身，这不足挂齿！
>
> 你们，最智慧的人啊，你们的危险以及善恶结局，不是这河流，而是那意志本身，即权力意志——永不枯竭的创造性的生命意志。（如是说：论自我克服）

哲人的"危险"来自高贵的沉思天性（一种特殊的权力意志）与民众的权力意志的冲突，如果哲人的求真意志非要支配国家、民族、民人的命运，必然害人又害己。苏格拉底之死是哲人的问题，而不是榜样，柏拉图为这个问题思索了整整一生。既然天生我为沉思人，为了不至于害人又害己，假话人生就是无从逃避的命运。

尼采的扎拉图斯特拉在"如是说"以后，口头的文章还得继续做下去。

"无辜的假话"

在尼采文章中，可以发现好些自相矛盾的说法，或者一个语词的两种甚至多重用法，比如前面提到的两种"权力意志"。如今已经清楚，这些自相矛盾或一词两意的情形，并非因为尼采是诗人哲学家，好用格言体，似乎这种文体本身不需要像"学术论文"那样要求内在理路的一致性，也并非因为，尼采的哲学性情是热情类型——如卢梭，而不是沉静类型——如斯宾诺莎、康德，不能要求其思想言辞的一贯性。严格来讲，这类看法都可以叫作不懂事。

施特劳斯指出，柏拉图的哲学采用对话文体，绝非一种文人习性或某些文艺学家所谓摹仿"戏剧体",而是与其哲学思想的关键问题相关。[1]尼采文体同样如此。抛开尼采的文体,从流行的所谓"尼采学说"来理解尼采,就会受尼采蒙骗;用所谓风格的多声道消解尼采,几近浅薄无知。尼采文体不是一种文人化修辞——像前一阵子我国学人喜欢玩弄的随笔,而是其思想困窘、沉思处境使然。看似没有什么关联的单个格言并非"意义的孤岛",而是与某种深切的思想关怀紧扣在一起,行文的隐约、不连贯、神秘等等,都有特别的含义。

如已经说过的那样,格言体不是尼采的独创。帕斯卡尔的《思想录》是优秀的格言体写作,这与其内心深处的信仰危机相关。尼采曾经极为崇拜帕斯卡尔,称他为"唯一真正的基督徒",敢于面对基督教信仰的衰微,而他的文体恰恰是心灵"伤痕累累"的体现。[2]文辞故意含糊、反讽、夸张、用典、指桑骂槐、装样子、说半截话、兜圈子,好像是在挥洒文人天赋,其实是个人思想的生存性需要——需要思想面具。深度不能直接敞开,必须颠来倒去兜圈子,这是一种古老的"法术"——显白说辞,公开讲是修辞术。尼采用谜语般的语言公开谈论过显白说辞:

> 凡深沉的一切,莫不爱面具;最深沉的东西甚至仇恨形象和比喻。……狡计中有如此多的善。我可以想象,一个有值钱和易损的东西需要藏匿起来的人,终身会像一个箍得紧紧的装满新酒的陈年酒桶笨拙地毂辘辘滚动:细腻入微的害羞使得他如此。用害羞隐藏深沉

---

[1] Leo Strauss, *The City and Man*, University Chichago Press, 1964, p. 190.

[2] 沃格林,《尼采与帕斯卡尔》,前揭,页261。

的人,在人迹罕至,甚至他的知交和最亲近的人也不可得知其所在的路上,遇到了自己的命运和棘手的决断:因为,这些人全然看不到他的性命危险以及重新赢得的性命安全。一个出于本能需要把想说的话吞咽回去隐瞒起来(das Reden zum Schweigen und Verschweigen braucht)、千方百计逃避推心置腹(Mitteilung)的隐匿者,想要而且要求一副面具在朋友们心目中晃荡。(善恶:40)

尼采自己懂得如何用思想面具,竖起保护的屏障,也善于识别别人戴得不那么高明的面具,将其本来面目曝露在光天化日之下。对于高明的显白说辞,尼采倒向来佩服。

现在,我们转向政治思想史家沃格林提出的这样一个问题:

> 人们在苦苦思索尼采的哲学意图时经常忘记,对一魔术作品的解释不应该受这种魔术欺骗——以便把这个作品解释清楚。尼采曾经以玩弄第欧根尼象征变换魔术来蒙骗人,所以,仅在文本基础上探究超人象征并确定其意义还不够,还必须确定,当有人玩弄魔术时,存在秩序中实实在在发生了什么事情。①

尼采既然早就晓得,哲人在世上必须靠假话度日,而且,说假话是高贵的事情,他为何显得对说假话心里不踏实?从早期文章到自传之前的重要文章(《偶像的黄昏》《敌基督

---

① Eric Voegelin, *Der Gottesmord: Zur Genese und Gestalt der modernen politischen Gnosis*, Peter J. Opitz(ed.), München, 1999, p. 98.

者》),没有一篇不谈论到假话。谈论假话本身成了尼采文章的一大主题。也许有人会说,《悲剧的诞生》是例外。但在关于真理与假话的论文中,尼采已经说过,艺术本身就是假话:

> 艺术快乐是一种更伟大的快乐,因为它几乎总是在假话的形式下讲述真实。(笔记,页121)

《悲剧的诞生》径直说假话,以后的文章——如已经看到的,甚至《扎拉图斯特拉如是说》这样的诗体文章,一再提起说假话的事。一边说假话,一边不断告诉人们"我在说假话",不是很奇怪吗?如果"高贵的假话"的应然是由某种"存在秩序"决定的,尼采显得慌里慌张地说假话,是否因为"存在秩序"发生了重大事变?

海德格尔的尼采解释功不可没,他第一个深刻地把尼采哲学与柏拉图主义联系起来,而非像时人那样,仅知道讲叔本华、瓦格纳与尼采。但他特别提请注意:是柏拉图主义,不是柏拉图这个人。[1]尼采与柏拉图的关系,是由形而上学存在论问题联系起来的。

罗森追随其师施特劳斯的柏拉图解释,在肯定海德格尔的睿见同时,力图推翻海德格尔的尼采解释:与尼采哲学本质上相干的是柏拉图这个人,而不是柏拉图主义。柏拉图的存在论形而上学是其大义之言,而非微言,尼采同样如此,柏拉图和尼采的所谓存在论形而上学,根本就是海德格尔的虚构。[2]尼采与柏拉图的关系固然是决定性的,然而,这种关系

---

[1] Martin Heidegger, *Nietzsche*, Band I,前揭,页177。

[2] Stanley Rosen, *The Question of Being: A Reversal of Heidegger*, Yale University Press, 1993, p. 173ff.

并非因为在两者那里都没有的什么存在学说,而在于显白说辞。重要的是,要搞清尼采想隐瞒的是什么?

探破显白说辞的方法,首先是注意一些再明显不过的自相矛盾的说法。罗森注意到尼采对"虚无主义"一词有两种不同用法——高贵的和颓废的"虚无主义",发现尼采一方面大谈世界根本是虚无,另一方面又召唤人去创造价值。充满激情地揭示创造与毁灭是一回事,等于任何创造都没有价值。在根本虚无的背景中鼓吹创造价值的人生,无论如何是背谬的。

如果尼采的意图是要人创造新价值,他就应该隐瞒自己对基本价值的摧毁——隐瞒其高贵的虚无主义。即便说彻底摧毁价值仅是创造新价值的前提,仍然自相矛盾:既然尼采摧毁的不仅是传统价值,而是所有价值的根据,新价值又何以可能衡量?如果尼采的意图是要告诉人们他沉思到根本虚无,鼓吹创造性的人生就等于在哄骗人。毕竟,尼采所谓终极混乱的说法剥夺了价值创造内在固有的可能性。终极混乱的教诲要么是真的,要么是假的。如果尼采真认为世界根本就是内在固有的混乱,那么这的确并不与高贵的虚无主义抵触。

可是,这种一致性却使得尼采教诲的一致性本身成了终极混乱的假象,因而这依然是假话,尽管是健康的假话。如果终极混乱的教诲是假话,世界背后就一定有一个秩序,颓废的虚无主义就是假话。不管怎样,两种虚无主义的浑然教诲乃是一个"高贵的假话",它要隐瞒的真实是,这一世界终极上是混乱的。只有在这"高贵的假话"基础上,才可能区分高贵与颓废、积极与消极的虚无主义。隐瞒不等于从来不说出真实,因此需要两种虚无主义的教诲。

在罗森看来,尼采真心相信,世界的内在混乱是本质上固有的,但需要说服或哄骗人们相信,自己是或能够是价值的创造者。柏拉图和尼采其实都看到,世界的本质是混乱(根本虚无)。面对这一绝对偶在,人如何活下去呢?柏拉图给出了"爱欲"的假话,尼采给出了"沉醉"的假话。尼采与柏拉图一样,既认同清醒的苏格拉底,也认同沉醉的阿尔喀比亚德。

不同的是,尼采一再提醒说,自己的话有微言与大义之别,柏拉图却没有,而是坚持模糊两者的区别。因此,尼采颠转了微言与大义的关系,其教诲是"显白教诲的隐微表达":未来的哲人为自己能忘记世界没有真理这回事而沉醉。所以,尼采把哲学转换成诗,使哲学本身成了虚无主义。相反,柏拉图没有将微言转变成大义,哲学始终处于与诗的冲突和张力之中。①

罗森看到尼采显白说辞的转变,慧眼独到,但他的具体解释却没有摆脱海德格尔的存在论尼采解释的阴影,仅仅"颠转"(正如他自己所用的语词)了而已——终极混乱论不过是存在论的另一面。他甚至换了一种方式来解释海德格尔所谓尼采诸学说"最内在的关联":"永恒复返"(等于根本虚无)是尼采的真实教诲(隐微教诲),"超人"教诲(创造价值)是显白(政治)的教诲,隐微教诲被积极、创造的(狄俄尼索斯)教诲隐瞒起来,"权力意志"教诲则处于平衡两者的位置。

可是,对于尼采(柏拉图同样如此),哲学问题首先不在

---

① Stanley Rosen, "Remarks on Nietzsche's 'Platonism'",见氏著 *The Quarrel Between Philosophy and Poetry*, New York, 1988,页 193–204。

于沉思什么——理式也好、根本虚无也罢,而是哲学与民人的关系。作为哲人,尼采当然有自己感兴趣的沉思主题——在斯宾诺莎和歌德那里找到共鸣的内在论也好,在帕斯卡尔那里遇到激励人和对手的禁欲式唯意志论也罢,都是哲人自己思想的事情。"哲人首先是他自己的哲人,其次是其他人的哲人。"问题在于,

> 做一个只属于自己的哲人是不可能的,因为人类存在是互相关联的,哲人也不例外,只能是这种互相关联中的哲人。(笔记,页135)

在尼采那里,显白说辞转变的原因,仍然只能从假话所依赖的哲学之政治本质中去寻找。

尼采显得慌里慌张地说假话,究竟是什么原因?在柏拉图的苏格拉底那里,"假话"(显白说辞)是"高贵的",尼采却一再提到"无辜的假话"。"高贵的假话"变成了"无辜的假话",说假话者不再像是一个高蹈的爱智者,倒像一个小孩:

> 假话。——为什么日常生活中人们处处说真话?——肯定不是因为上帝禁止说假话。毋宁说,首先,因为说真话舒服,说假话得有发明、编造和好记性。……其次是因为,在一眼就明的事情上直截了当地说:我要这个、我已如此做了以及诸如此类的话,是有益的;在这类事情上,强制和权威的方式总比狡计的方式牢靠。——可是,一个小孩在扯不清的家内纠纷中被拉扯大,说假话就是再自然不过的事了,他总会违背意愿地说自己想要的东西;他从来没有什么讲真话的感觉或者对假话本身的反感,所以全然无辜地(in aller Unschuld)

说假话。①

理解假话"无辜"的成因,看来是搞清尼采的微言和大义的关键。仅从字面来感觉,"无辜的假话"显得说假话者要为自己说假话辩护,"高贵的假话"却不存在自我辩护的问题,说假话的应然是没有疑问的。这个没有疑问的应然是什么呢?

柏拉图的苏格拉底在说到"高贵的假话"后,"吞吞吐吐"老半天,"没有把握是否有勇气"将说假话的正当理由光明正大讲出来。在格劳孔一再追逼下,苏格拉底(可能装出)迫不得已以其惯用手法——编故事,"欲言又止"地说了这样一个"荒唐故事"。

人天生一样,"一土所生,彼此都是兄弟"。但是,老天造人的时候,在不同的人身上加进了不同的金属元素。"在有的人身上加入了黄金,这些人因而是最宝贵的,是统治者";在有的人身上加了白银,于是这人成了统治者的辅佐。农民生性中有铁元素,工匠生性中有铜元素。如果金人生金人,铜人生铜人,也还好办,但世间的事情太偶然,"有时不免金父生银子,银父生金子,错综变化"。讲完"荒唐故事",苏格拉底总结道:

> 所以,上天给统治者的命令最重要的就是要他们做后代的好护卫者,要他们极端注意在后代灵魂深处混合的究竟是哪一种金属。如果他们的孩子心灵里混入了一些废铜烂铁,绝不可稍存姑息,应当把他们放到恰如

---

① 尼采,《人性的,太人性的》,魏育青等译,上海:华东师范大学出版社,2009,卷一,格言54。

其分的位置,安置在农民工匠之间;如果农民工匠的后辈中间发现其天赋中有金有银者,就要重视,把他提升为护卫者或辅佐人。要知道,神谕曾经说过,"铜铁当道,国破家亡"。你看有没有什么办法使他们相信这个荒唐的故事?(《王制》415a–c,中译本页128–129)

苏格拉底认为,除了哲人(爱智者)因会解神谕懂得这个道理,没有谁会相信这个故事。但故事中隐含的道理对于国家和个人都至关紧要,哲人(或贤人)的义务就是要向世人讲明究理,但又不能明说。于是苏格拉底对格劳孔说:"我想就这样口头相传让它流传下去罢!"

很清楚,假话之所以"高贵",正当理由在于人的资质不同,一个国家的良好公正的秩序基于人按其资质的高低被安排成一个等级秩序。低资质人应该受高资质人统治,美德总归出自黄金人而不是废铜烂铁。依据民人的天性(如今称为人的自然权利),不可能产生出道德的社会。这话当然不能明说,不然,民人会不高兴,甚至会起来造反——"奴隶道德"起义。

不过,人的资质不同,是天生的自然秩序使然,不是谁凭一己权力造出来的。资质或低或高,没有必要得意或自卑,况且"金父生银子,银父生金子,错综变化",人的在世位置并非万世不变。按照自然秩序建立起来的国家,才是道德的,其道德的根据就在自然的正确。

尼采念念不忘苏格拉底-柏拉图的这一政治智慧,扎拉图斯特拉"如是说"之后他写道:

> 我们最高的见识若要未经许可地讲给那些气质上、天性上不宜听的人听时,必须——而且应该!——听起

来像蠢话,某些情形下像犯罪。从前,在印度人、希腊人、波斯人、穆斯林人那里,总之,在所有相信等级制而非平等和平权的地方,都将哲人分为显白的(das Exoterische)和隐微的(das Esoterische)。两者不同并非因为,显白哲人站在外面,从外而非从内观看、评价、衡量、判断。更为根本的原因在于,显白哲人从下往上看,隐微哲人从上往下看!从灵魂的顶峰望下来,悲剧不再是悲怆的了⋯⋯品质高的人视为食品和提神汁的东西,品质相差太远或太低的人肯定视为毒药。常人的美德在一个哲人看来,不过是恶习和软弱⋯⋯为世界上所有人写的书总是臭气熏天,小人的嗅觉才贴在上面。(善恶:30)

然而,当扎拉图斯特拉要说"高贵的假话"时,心态没有了坦荡,还被狗吠打断,而且做了那个怪异得可怕的白日梦。当时的情形是,扎拉图斯特拉再也憋不住,要对侏儒讲明他的微言。事情发生之前,扎拉图斯特拉与侏儒有过一段对话,内容与苏格拉底"吞吞吐吐"老半天才对格劳孔说出来的,简直一模一样。

"站住!侏儒!"我说,"要么是你!要么是我!我们两个,我是强者——:你不了解我深邃的思想!这——你无力承受!"——此刻,我感到轻松了:侏儒从我肩上跳下,这好奇的家伙!它蹲在我面前的石头上。这里恰好是个大门的通道,我们就站在这里。

"侏儒,你瞧这大门通道!"我继续说,"它有两副面貌。两条道路在此交汇:尚无人走到路的尽头。

"这条长路向后:通向永恒。那条长路通往——那是另一种永恒。

"这两条路彼此相反;它们恰好在此碰头:——在大门通道边上,恰好是交汇它们交汇的地方。大门通道的名字刻于上方:'暂时'。

要是有人沿其中一条路前行——一直走下去,越走越远:侏儒,你以为这两条路永远相反么?"

"一切笔直的东西都在骗人,"侏儒不屑地咕哝,"一切真理都是弯曲的,时间本身便是个圆环。""你这沉重的精神!"我怒喝道,"别说得这么轻慢!你这个跛脚鬼,不然我把你扔在你正蹲的地方,——以前,我把你抬得太高了!

"看啊,"我继续说,"你看这个暂时!从这个暂时的大门通道向后,有一条永恒的长路:我们身后是一种永恒。

"一切事物中凡能够奔跑的,不都已经跑过这条路了么?一切事物中能够发生的事,不是已经发生过、完成过、消失了么?……"(如是说:论面貌和谜)

没过一会,扎拉图斯特拉就听见令他心惊胆战的狗吠了。

奇文!不是吗?扎拉图斯特拉一开始还傻里傻气摆出贵族政制时代的身份,没想到侏儒竟然跑到他肩上去了。侏儒从扎拉图斯特拉肩上下来,不是因为被他的怒声吓住,而是因为自己蹲在石头上更舒服。扎拉图斯特拉开始正儿八经讲哲学,侏儒却轻飘飘地说,"都是骗人的"。扎拉图斯特拉这才发觉,自己从前把侏儒"抬得太高"!

启蒙现代性带来的"存在秩序"的变动,不是赫然在目?那种可以被称为贵族制理由的自然秩序,近代以来,尤其启蒙运动以来被颠覆了。谁颠覆的？民众吗？不是！恰恰是本来因有"深邃的思想"与百姓不在同一个存在位置的哲人。哲人放弃了自己本来应该过的沉思生活，到市场上搞什么启蒙——其实是抹平人的资质，甚至抬高苏格拉底的人谱中资质低的人。近代哲人发明的自然状态和自然权利取代了自然秩序，再按高低不同的金属来划分人的资质并安排社会秩序，就成了不道德，甚至反动。

这一所谓"现代性"事件导致的后果是："高贵的假话"的正当基础不复存在，国家秩序的基础根本变了，"废铜烂铁"也可以统治，至少参与管理国家。"卑贱者最聪明"不再是颠倒乾坤之言，而可能成为国家道德秩序的理由。

更精彩的是，侏儒竟然对扎拉图斯特拉说，"一切笔直的东西都在骗人"。这话肯定是哲人先说，哲人不说，侏儒哪会晓得？

> 不是你欺骗了我，而是我再不相信你，这件事震动了我。（善恶：184）

尼采敏锐地看到，"高贵的假话"在启蒙哲人那里变成了卑劣、颓废的假话。正如尼采的"虚无主义"一词有高贵和颓废两种含义，假话也有高贵和颓废之分。哲人知道民人不过沉思生活、不追求真理，决定什么是真理的权力在自己，而非民众——所以，尼采把爱智者的权力意志定义为"求真意志"。面对民众的"权力意志"（信仰），为了社会的安定团结，讲些含糊其辞的话，说东道西，这是"高贵的假话"。"高贵的假话"并不迎合民人，而仅是不说穿真理。颓废的假话则是：哲人明明知道民人不关心真理，却违背自己的本分，讲迎合民众信仰的话，甚至卖身为民人、充当民人的代言人，把

"求真"的权力交给了民人。扎拉图斯特拉与侏儒的对话表明,哲人与民人的关系发生了根本变化。本来,"哲学不是为民人准备的",如今哲学充当民人的代言人发出"废铜烂铁"的声音:

> 哲人已经成了集体的害虫。他消灭幸福、美德、文化,最后轮到他自己。(笔记,页96)

哲学不再是禁欲般的沉思生活,而是一种工匠式的手艺;学人、科学家终有一天理直气壮地驱逐了哲学,有什么好奇怪?

> 在另一种圣人即哲学家那里也有一整套手艺,他们只容许某些真理,那些使他们的手艺获得公众批准的真理,——用康德的方式说,就是实践理性的真理。他们知道自己必须证明什么,在这方面他们是实际的,——他们彼此心照不宣,就"真理"达成协议。——"你不应说假话"——直截了当地说:您,我的哲学家先生,要谨防说真理……(偶像:一个不合时宜者的漫游,42)

青年尼采已经看出,启蒙哲人的假话颓废——堪称"坏假话":

> 在需要真理的地方说假话。……坏假话的标志:只要假话,不要人类。……个人为了自己和自己的存在而牺牲人类。(笔记,页117)

"高贵的假话"之所以高贵,乃因为说假话是为了人类生活品质的高贵,颓废的假话则相反。

启蒙哲学的"坏假话"从斯宾诺莎开始,到康德完成。斯宾诺莎的写作用两种语言,充满暗示,出于个人安全的考虑假引圣经,为大众设计出一种合他们胃口的道德观,迎合大众说话方式,暗中维护幸福的少数人的道德观。[1]在尼采看来,"这个病态隐士的假面"(diese Maskerade eines einsiedlerischen Kranken)用数学形式的"幻术"(Hokuspokus)隐藏自己的哲学,用"自己的智慧之爱"来"粉饰和伪装",却泄露了自己的胆怯。随着这种"坏假话"的把戏越来越精到,

> 老康德说出的伪君子话(Tartufferie)既僵硬又道貌岸然,把我们拐上了辩证的邪路。(善恶:5)

在从斯宾诺莎到康德的转变中起关键作用的现代假话哲人,就是大名鼎鼎、鼓吹平等、写市井文字的卢梭。尼采忿然道:法国大革命"所表演的血腥闹剧"让人觉得好笑而已,可憎的是"卢梭式的道德",它用"平等学说"诱导出了所有平庸的东西。

> 绝不会有更毒的药了,平等学说被吹嘘得好像就是公义本身,其实却是公义的终结。(偶像:一个不合时宜者的漫游,48)

难怪尼采把卢梭视为自己最大的敌人。[2]启蒙哲人"用德行般的精神振奋"(mit der tugendhaften Begeisterung)解除

---

[1] Yirmiyahu Yovel, *Spinoza and other Heretics*: *The Marrano of Reason*, Princeton University Press, 1986, 第五章。
[2] 参凯斯·安塞尔-皮尔逊,《尼采反卢梭:尼采的道德政治思想研究》,宗成河等译,北京:华夏出版社,2005。

了"假象的世界",真实的生活反而不复存在。在启蒙的世界中,揭露启蒙哲人的假话成了真哲人的义务:

> 我自己一直在学习与众不同地思考、评价行骗和被骗,起码我为盲目的狂热(die blinde Wut)准备了几手揭谎招法(ein paar Rippenstosse)。这般怒火让哲学家障了眼,受了欺骗。为什么不呢?真理比假象更值钱,已经不再是一种偏见;这甚至已是世上所能有的最糟的得到证明的假设。(善恶:34)

"废铜烂铁"说被自由平等"主义"哲人铲除之后,"高贵"的假话变成颓废的假话。尼采显得要通过"全然无辜"的假话挽回生活中的某种东西——这究竟是什么呢?

瞎子修士的"怪书"

施特劳斯的"魔眼"看得很准:尼采最关心的是哲人在现代处境中的位置。只有哲人才有资格当社会的道德立法者,因为只有哲人沉思什么是美德、什么是美好(幸福)的生活,什么是应该过的生活。但哲人不可成为统治者,否则"蛋和蛋壳都破碎了"。在国家生活中,哲人至多可以当个如今药铺里的药剂师,看看统治者的药方是否搞错、计量是否适当——就像二十世纪业内人士公认的爱智者科耶夫(1902—1968),为法兰西总统当高参,设计欧共体或起草关贸总协议之类。

哲人首先应该沉思美德和美好,否则就没有资格当药铺里的药剂师。哲人沉思首先是为了自己个人的道德生命,不是为了民人(遑论国家、民族)才去沉思。启蒙之后,哲人成了首先为民人服务的人,而不是首先关心自己的德性生命;哲人已经不思"何为高贵",而是为国家、民族、民人出谋划策,纷纷跑去引导民人起来争自由、平等、民主,忘了自己的本分是过沉思生活(科耶夫早年研究"索洛维约夫的神秘主义哲学",当高参之前有过道德沉思)。

> 如果让当今的哲人梦想一个城邦,他肯定不会梦想柏拉图的城邦,只会梦想一个废铜烂铁城邦(二流子城邦)。(笔记,页139-140)

不是吗?如今那么多的有了"制度经济学""分析哲学""文化人类学""社会批判理论"或合乎国际学术规范的"人文科学"专业知识的人,真以为自己就是国家医生,要引导民人甚至给国家、民族治病(殊不知不过一个现代工匠,在苏格拉底的人谱中只算铜质人)。正因为现代哲人背离了自己的沉思故乡,要么去当知识分子,还向专制者要政治地位(古代哲人从来不要,不是怕暴君、自甘屈服,而是这地位与德性沉思毫不相干),要么当"纯粹"的哲学专家,把搞清哲学陈述的语病作为最崇高的思,民人才会"用酒精和麻醉剂来消除神经紧张"(笔记,页132)。尼采问道:如今的哲人还有哪个懂得"何为高贵"?尼采为"未来哲学"谱写的序曲的末章题为"何为高贵",难道是文人式的夸张?

"现在被当作医疗卫生的许多事情在古代是道德事务",这事务由哲人操持,所以"古代人的日常生活有节制和审慎得多,知道如何弃绝和不去享受许多东西"(笔记,页131-132)。尼采反传统道德吗?主张个人自由主义的创造价值吗?尼采分明反的是现代启蒙道德:"现代道德哲学家所谈的东西,稀奇古怪得令人难以想象!"

尼采仍然而且一心要做哲人,过自己的沉思生活。哲人本质上是"冷漠的隐士",但哲人的沉思又不可能做到只属于自己,"即便哲人离群索居,成了一个隐士,他也不过为其他人提供了一种教训和榜样"(笔记,页135)。哲人的本分是责无旁贷地要做"那些最勇敢和最抽象的心灵的教师",所需要的假话因此是"高贵的"。启蒙以后,"存在秩序"发生了根本变动,做"心灵的教师"已经不可能,而且政治上不正确,于是——尼采如是说——哲人应该成为"憎恶流行文化的毁坏者"(笔记,页92)。

尼采坚持精神贵族原则,也就是坚持人的金属品质贵贱论和优秀、高贵的在精神上统治拙劣、低贱的,这当然需要某种政治的"存在秩序"的配合。尼采为斯宾诺莎沉思的内在一元论——没有彼岸的世界感到兴奋,有"吾与点也"之慨,这是两个隐士个人之间的思想事情,但尼采讨厌他迎合民人。为了守护高贵精神,尼采显得不畏社会迫害,经常直接宣称自己的贵族主义(谱系 II:15)。但尼采很清楚,要回到古代的贵族制秩序已经不可能,问题是如何在现代之后的"未来"守护高贵。

"何为高贵"的问题在自由平等的民主社会仍然是:哲人应该如何说假话?或者依扎拉图斯特拉的经验:侏儒已经知道"一切笔直的东西都在骗人",哲人还能像从前那样说假话吗?

这才真正是尼采的问题,也是假话由"高贵"变成"无辜"的关键所在。

自由平等的民主社会有言论自由和思想自由,为什么哲人还需要说假话?启蒙运动的伟大功绩不就是限制(如果还不能说已经消灭)对思想和言论的政治迫害吗?难道古人比现代人思想和说话更自由?

苏格拉底所谓"口说的"文章(微言)固然有避免哲人自己遭迫害的目的,但也有不要直接打扰民众信仰的意图,以免"蛋和蛋壳都破碎了"。因此,需要把讳言的含义隐藏在有意的含混说辞后面,有时不妨采用政治正确的敬虔说法和引文,但得用种种颠三倒四的说法与之保持必要的距离。这既是为了坚持自己心中的真理,对民众信仰不予苟同,也是为了不伤害民众感情,维护社会的安定团结。

显白说辞的根本前提是,哲人和民众的生活理想(美德和美好的想象)绝对无法达成一致。如果以为在自由平等的民主社会,因为有了政治制度保障的言论和思想自由,哲人的显白说辞就没有必要了,前提必须是,哲人与民众的生活理想没有冲突,已经心往一处想。然而,事实是,启蒙运动的哲人背弃了"高贵"的道德理想,投靠了民众信仰,让它支配社会。如果在自由平等的民主社会,一个哲人(好像尼采那样)仍然要坚守"高贵"本分,岂不是比在贵族制社会更加危险?岂不更需要说假话——而且必须改变手法,因为旧的手法侏儒已经知道了。

尼采不接受启蒙运动的哲学叛变造成的现实,理由当然是精神贵族的价值原则:

> 对我们来说,民主运动不只是政治组织的衰败形式,而且是人的衰败和渺小化形式,是人的平庸和低俗:我们须向何方把握自己的希望呢?(善恶:203)

"无辜的假话"就是在这样的"存在秩序"中出现的。然而,尼采说:

Es gibt eine Unschuld in der Luge, welche das Zeichen des guten Glaubens an eine Sache ist. [假话中有一种无辜,假话是对某事有良好信仰的标志。](善恶:180)

此话怎讲？"无辜的假话"不是说,尼采的新假话手法是"无辜的",而是为了"一种无辜"而说假话,所以说"假话中有一种无辜",这种"无辜"是"良好信仰的标志"。《扎拉图斯特拉如是说》以来,尼采的显白说辞炉火纯青。一句话或一段话的下文,往往在一本中老远的别处出现,甚至在另一本书中出现。比如,这句话的下文,就出现在随后的书中。

"无辜"究竟指什么？很可能是欠负(Schuld)的反面或消脱负罪。尼采八十年代的笔记遗着的书名本来不是如今声名远扬的"权力意志",他自己原来用的是 Unschuld des Werden[生成的无辜/还生成清白]。① "还生成清白",而非"权力意志",才是尼采真正想说的(微言)。假话要隐瞒的事情,就是这"生成的无辜"。

沃格林称《道德的谱系》为历史哲学的杰作,在该书第二章第八节,尼采为"无辜"作了哲学辩护,其方式是用他发明的谱系方法探讨负罪和欠负的起源:负罪和欠负最早"起源于卖主和买主的关系,债权人和债务人的关系",是人类社会出现价格制定和价值衡量的反映。

如果从政治经济的历史学角度来理解卖主和买主、债权人和债务人的关系,就根本搞错了。尼采在这里明明说,这

---

① Karl Löwith, *Nietzsche*, in: *Samtliche Schriften*, Band 6, Stuttgart, 1987, S. 428.

是"人和人较量的现象"——不是财富的较量,而是人的品质(价值)的较量、道德的较量:"人把自己看成衡量价值的生物,是有价值、会衡量的生物。"基于这种对人的品质的衡量能力,"同时形成了比较、计量和估价权力的习惯"。负罪和欠负指德性品质低的人有负于德性品质高的人——前者是债权人,后者是债务人,两者在德性上是支配与被支配的关系。所谓"价格",指人的品质等级以及由此推导出来的社会等级。任何东西都有其价格,在尼采看来,"是正义的最古老、最纯真的道德戒律",世界上"所有德性和德行的开端"(谱系Ⅱ:8)。如果我们记性好,就该记得,扎拉图斯特拉宣讲"论克服自我"时,已经说到过这一"正义的最古老、最纯真的道德戒律"。

这岂不意味着欠负(Schuld)是应然吗?为什么尼采自相矛盾地要 Unschuld des Werden[还生成以清白]呢?

尼采才不会自相矛盾哩,除非他要用显白说辞。在这里,在《道德的谱系》这一尼采少见的有点正儿八经"学术味道"的文章中,尼采没有自相矛盾。在此前后,尼采带着发自内心的义愤说道:"正义的最古老、最纯真的道德戒律"被教士伦理取代了!Schuld 已经不是原来(本源)意义上的"欠负",而成了教士伦理的"欠负"。正是教士伦理的"欠负"导致了自由平等的民主现代性的出现(韦伯对尼采那么感恩戴德,不就是因为尼采的如此睿见吗?):教士伦理的出现,使得贵族伦理衰微,犹太人这个"教士化的民人……敢于坚持不懈地扭转贵族的价值观念(好=高贵=有力=美丽=幸福=上帝的宠儿)"(谱系Ⅰ:7)。

针对教士伦理的欠负提出"无辜",不是再合乎"逻辑"不过吗?"假话中有一种无辜,假话是对某事有良好信仰的标志",含义不是再清楚不过吗?这"某事"就是"正义的最古老、最纯真的道德戒律"(卢梭-罗尔斯讲什么"正义论"呢,社群主义、新新左派起什么劲呢,统统不过教士伦理的子孙而已。尼采阴狠地在心底如是说)。

在现代自由平等的民主时代,Unschuld des Werden[还生成清白]就是高贵的人"牺牲自己,把自己变成赠品"。扎拉图斯特拉当时说完这话,尼采马上就说:

> 也许他欺骗了你们。(如是说:论馈赠的道德)

然而,教士伦理指什么?莫非是民众赖以活着的"民间信仰"或基督教道德?

倘若如此,尼采就在直接与民众作对——哲人孤身与民众对抗。难道尼采忘了苏格拉底的下场?尼采了不起,不就在于他敢于无情攻击基督教、踏谑(对不起,四川方言,因极为精确)"废铜烂铁"的畜群道德吗?尼采从《悲剧的诞生》起就发起的对柏拉图主义的攻击,针对的不正是基督教?《善恶的彼岸》一开始不就说:

> 这场反对柏拉图的斗争,或者,说得更明白和为了"大众"(Volk)起见,也就是反对千百年来的基督教会压迫的斗争——因为基督教就是"大众"的柏拉图主义。(善恶:序言)

小心,为什么尼采在这里给大众加了引号,所谓"大众"指谁?民人吗,抑或另有所指?

先想一下这样一个问题:既然基督教是民众的安慰,否定了基督教,民人就没有了自己的安慰,这符合高贵精神的政治智慧吗?

再说,真正的民众哪有什么"主义"?"主义"都是知识人才有的东西,民众只有自己的民俗道德、带有深厚族类根须的宗教及其神圣法典——与任何"主义"知识人都不同:

> 对于希伯莱人以至他所议论的其他民族的神圣法典,尼采比任何旁观者都怀有更深的崇敬。(施特劳斯语)

在《敌基督者》这部比较的世界宗教哲学论著(韦伯一定受惠不浅)中,尼采广泛评议了世界历史中的各种宗教,并安排了高低秩序:凡是圣典中将等级秩序与宗教信仰结合起来的,就是高级宗教(明显反黑格尔的世界宗教论)。尼采是反宗教?——无根之谈!尼采与马基雅维利、霍布斯一样,充分了解民众的宗教对于民众生活和国家何等重要、何等不可或缺。①的确,尼采说过,宗教是假话,但那是"神圣的假话"(die heilige Lüge):

> 无论摩奴、柏拉图、孔子,还是犹太导师和基督教导师,都从来不怀疑他们说假话是对的。(偶像:人类中的"善者",5)

在《敌基督者》中,尼采又重复了一遍这句话。"神圣的假话"是所有健康的宗教共有的,只不过宗教创始人从来不明说,只有柏拉图的神学用曲折的表达宣称说假话是对的。

---

① 参 Ronald Beiner, "Grant, Nietzsche and Post–Christian Theism"一文的精当分析,见 Arthur Davis 编, *George Grant and the Subversion of Modernity*, University of Toronto Press, 1996, 页 121–122。

基督教比起犹太教、印度教、伊斯兰教、儒教显得不那么高明,仅仅因为其假话不如其他宗教的假话来得"神圣"(敌基督:55-56)。

所谓"神圣"指的不是上帝如何"超越",而是宗教信仰的安慰是否配以精神和制度的等级强制。只要这种等级制度在圣典中借上帝之口(圣人当然知道那是假话)神圣化,宗教的假话就是"无辜的"了。

> 在道德家和圣人中,没有什么比诚实更罕有了:他们说的甚至信仰的或许都是相反的东西。因为当一种信仰比自觉的虚伪更有利、有效、令人信服之时,本能的虚伪立刻变得无辜了:这是理解大圣人的第一原理。(偶像:一个不合时宜者的漫游,42)

按此原则,基督教也并非那么彻底的不神圣,这要看是哪一种基督教。早期基督教沾染了罗马帝国的神气,还不那么颓废。自从德意志产生出新教,基督教就变成了"平庸的北方人",其"颓废形式"才曝露出来。尼采对天主教更有好感,就因它比新教"神圣"得多:

> 新教是精神不纯和无聊的颓废形式。迄今为止,基督教就是以这种形式在平庸的北国摸熟了因循守旧之法。(意志:88,参89)

而针对新教,尼采则宣称:

> 不管怎么说,在通往基督教天堂和"永恒极乐"的大门上应该更有理由写上"我也是被永恒的仇恨创造的",让真理站在通往假话的大门上。(谱系 I:15)

为什么尼采要肯定"神圣的假话"？为了避免人世间残酷的"人反对人的战争"。如果没有一个基于神圣权威的等级秩序，不仅社会的道德状况会出现混乱，人的动物性也会跑出来相互残杀。

尼采仇视民人群众？无稽之谈！

尼采仇恨过会讲"神圣的假话"的教士吗？没有！教士牧养民人，给民人带来此世的安慰。尼采甚至对他仇视的新教的创始人路德也赞不绝口，充满热爱地呼喊：

> 路德啊，你在哪里？（笔记，页129）

尼采仇视的"教士们"究竟是谁？说出来也许有点可怕，甚至乎危险：……就是我们启蒙知识分子！

路德搞出来的粗鲁的新教本来是给农民的——针对农民的"神圣的假话"，没想到后来变成"属灵的中间阶级"（geistiger Mittelstand）"甜蜜的道德主义"，他们的上帝担保一切有一个美好的结局，担保他们平庸的幸福。"属灵的中间阶级"的基督教，才是基督教真正的掘墓人。[①] 正是"属灵的中间阶级"使得基督教失去了假话的"神圣"性质。

从前，人们努力用唯有信仰的心智证明上帝的存在，如今，人们努力解释信仰如何能根源于上帝，这种转变只能说明根本没有神秘的上帝。卡尔·巴特（1886—1968）关于绝对异在的上帝的提法和神学家朋霍费尔（1906—1945）关于苦弱的上帝的提法，难道没有从尼采思想吸取灵感？为什么巴特的《罗马书》如此热情援引尼采，而朋霍费尔的《伦理

[①] 弗里德里希·尼采，《朝霞》，田立年译，上海：华东师范大学出版社，2007，格言92。

学》要与尼采一同思考"假话"？关键在于,基督教原本不是一种道德理想、道德宗教,而"现代人通过上帝的不断道德化施展了自己的理想化之力",其结果是"人的力量被剥夺了"（意志:1035）。

所谓"人的力量被剥夺了",并非人们通常以为的那样,指上帝的存在贬低了人,而是"小人的道德成了事物的标准,这是文化迄今最严重的衰败"（意志:200）。显然,尼采强烈攻击的这种"道德化的基督教",不是原始的基督教,道德的上帝不是新约中"超善恶"的上帝,这个上帝已经被近代哲人（启蒙知识人）杀死了:

> 全部近代哲学到底干了什么？……对基督教学说基本前提的一次谋杀。（善恶:54）

尼采甚至生怕别人搞错,忍不住说得更明:奴隶道德的起义是法国大革命发端的（善恶:46）,所谓"基督教的道德化"就是卢梭式的启蒙道德:

> 卢梭的自然观以为,似乎"自然"就是自由、善良、纯洁、正直、正义、田园诗意。——一言以蔽之,就是基督教道德文化。（意志:340）

我们现代知识人不都信奉这些"道德"吗？尼采所谓的"畜群道德",不是贵族制时代意义上的民众道德,而是现代知识人大众的道德,"我们学人"的道德（善恶:第6章）。他很早就想过:

> 如果劳动阶级有一天发现,他们现在可以凭教育和品德轻而易举超过我们,那我们就完了。但如果这没有

发生,我们就更完了。(笔记,页129)

此话前一句是玩笑。尼采心里清楚,民人永远不可能成为哲人,哲人是过沉思生活的特殊人,本质上是"隐秘的修士"。后一句却很严峻:平等主义造就了大量知识人大众。尼采所谓"犹太人这个教士化的民人",其实是指桑骂槐。犹太人怎么会是"教士化的民人",分明是神权秩序中的民人。"教士化的民人"分明指知识人大众,启蒙运动后出现的"民人",拥有种种"主义"的"民人"。

民人不能过沉思生活不能算平庸,民人就是民人。人人成为哲人?荒唐啊!

思想家民族的民人住在哪里呢?(笔记,页143)

满街圣人不仅不可能,而且危险。尼采所谓的"平庸",明明指的是哲人要成为民人这回事。

尼采面临的哲人与民人这一古老关系的新问题是,哲人成了"教士化"("主义")的民人(知识分子),这号人要让全体民人都成为道德化的"教士"——这就是启蒙的理想。"教士化民人"出现之后,哲人就消失了,只有学人、文人——知识人畜群。随后,这个"我们"畜群中间发生了长达数百年的"人反对人的战争"——"主义"之间的战争。二十世纪知识人遭遇的许多悲喜剧,都是知识人阶层中间"人反对人的战争"导致的——而且祸及无辜的民人,怪罪到"农民习气"或"封建余毒",对农民和封建都活天冤枉!

知识人的畜群道德?如今我们不是亲眼目睹:争先恐后比谁更平庸、更痞子、更下流、更玩世不恭、更厚颜无耻、更冒充手艺高的,不正是知识人而非民人!?农民、工人不会读尼采,知识人也不会把尼采的教诲像送马克思主义那样送到贫下中农手中,而是留着自己用。我们这些知识分子自鸣得意:瞧!尼采多么讨厌群众,殊不知尼采憎恨的恰恰是他把自己也算在其中的"我们学人"。

在没有公之于世的笔记中,尼采清楚写道:

> 无学问的下层阶级现在是我们的唯一希望。有学问、有教养的阶级,以及只理解这个阶级并且自己就属于这个阶级成员的教士们,必须一扫而光。那些仍然知道什么是真正需要的人也将意识到对他们来说什么是真正的智慧。无学问阶级被现代教育的细菌感染败坏才是最大的危险。(笔记,页128)

扎拉图斯特拉"如是说"以后,尼采马上谱写"未来哲学"的"序曲"。尼采想念的"未来的哲人"——超人是谁?是我们如今后现代的知识分子?是自由主义或新左派或保守主义知识人?

"未来"不是年代的含义,而是类型的含义。①"未来"代表高贵,"现在"代表平庸。自由主义、社会主义、保守主义——所有"主义"知识人,才是尼采的"超人"要克服的对象。至于真正的民人百姓,尼采倒是不大理睬,想民之所想不是哲人的事。

这并非等于说,尼采哲学关注的仅是哲人与新民人(教士化民人)的关系,没有自己的实质性哲学主张。毋宁说,尼

---

① Alexander Nehamas, "Who are 'The Philosophers of the Future'?", in: Robert C. Solimon/Kathleen M. Higgins (ed.), *Reading Nietzsche*, Oxford University Press, 1990, pp. 56–58.

采的实质性教诲只有从哲人与民人之关系这第一性的哲学问题出发,才能恰切地得到理解。扼要地讲,尼采绝非肤浅的所谓保守主义者,整天高呼维护和回到传统价值。尼采心里很清楚,传统的超验秩序已经无可挽回,这才是"教士化民人"带来的灾祸:

> 谁有魔眼看到整个危险,看到"人"本身在坠落,就同我们一样认识到巨大的偶然性——迄今为止,这偶然性一直在人的未来方向玩自己的游戏,没有手,甚至没有一根"上帝的指头"在玩的游戏!——谁就猜到了"现代观念"荒唐、无恶意但轻信的劫数仍然隐藏在整个基督教欧洲的道德之中,他也就遭遇到无法比拟的惊恐万分。(善恶:203)

为什么这"惊恐万分""无法比拟"?因为这惊恐来自他所面对的根本虚无——世界偶在("巨大的偶然性"),它自然地充满恶、无意义和残酷。本来,站在世界偶在——根本虚无面前的是上帝及其神权秩序,恶和残酷导致的不幸最终由上帝及其神权秩序来承负。如今,人的生存直接曝露在自然的恶、无意义和残酷面前,"蛋和蛋壳都破碎了"。这恰恰是现代知识人一手造成的,是"现代观念"的"荒唐、无恶意但轻信的劫数"。

"巨大的偶然性"与"人本身的坠落"一同出现,"教士化民人"拒绝了犹太-基督教的上帝和希腊宇宙理性对世界偶在的拒绝,把人带回到恶和残酷被道德秩序隔离开来之前的处境。尼采寻求的实质真理是:人的生存如今如何可能面对世界偶在。为此,尼采想出了"热爱命运",以便同世界偶在搏斗:

> 我们还要一步一步同偶然这个巨人(mit dem Riesen Zufall)搏斗,迄今,依旧是荒谬和无意义统治着全人类。(如是说:论馈赠的道德)

尼采的"超人"就是"高贵"的哲人,他不得已要像上帝那样站到自然的恶和残酷面前。这当然是过于疯狂的勇气,然而,思想如此彻底的尼采有什么别的办法吗?

"未来的"哲人和宗教圣人一样,说假话是无辜的。"未来的"哲人在"自己的不幸中骗人,正如其他类型的人在他们的幸福中受骗"(笔记,页115)。尼采的大义与微言现在已经清楚,但为了避免搞错,还是明说为好:尼采的"上帝死了"正是大白话(恰如他自己说过的)——微言则是:现代知识人已经沦为真正的畜群,"必须一扫而光"。

在大众知识人统领世界的时代,这话能明说吗?

像《玫瑰之名》中的瞎子修士约尔格,尼采在自己的书中涂满毒药,阴险地企图让启蒙后的文人学者读后一个个死于非命。尼采用显白说辞把启蒙理性的"逻辑"推到极端(理性＝意志＝生命冲动),把启蒙精神的反基督教精神夸张到极致,装出比谁都更具启蒙精神的样子(鲁迅就是上当受骗的显著例子)。在尼采死后的一百年里,难以计数的文人学士以为,这就是尼采留给他们创造新价值的启示,去开导平庸的民人——后现代哲人甚至自鸣得意地抱着尼采的"大白话"扬长而去,以为得了秘传,殊不知手上已经沾满尼采书中的毒药。

尼采说假话是无辜的,他早就在笔记中写过:

> 如今,哲学应是文化的毒药。(笔记,页97)

青年尼采论"残酷"的真理

尼采发表第一部论著《悲剧的诞生》(1872)时,年仅二十八岁。在这部书中,他已经充分展现出自己终其一生都持有的思想出发点:以古希腊伦理为衡量尺度批判现代伦理。但是,由于与他当时的精神教父瓦格纳(1813—1883)在政治观点上不合,尼采并未做到畅所欲言,甚至还不得不删除了论及古希腊政治伦理的两个核心章节。

《悲剧的诞生》刊印之后(1872年底),尼采将一份手稿赠送给瓦格纳夫人科西玛——题为"五篇未成文之书的前言"。这位二十八岁的年轻人用了"豪华皮面",可见他自己非常珍惜这些手稿,而其中就有写作《悲剧的诞生》时被迫删除的两个重要章节,分别题为"《古希腊式国家》前言"和"《荷马世界的竞赛》前言"。

在五篇"前言"中,这两篇"前言"篇幅最长,已经算得上独立论文,而且相互发明。它们不仅明晰地展示了尼采在随后的一生中一以贯之的政治哲学立场,而且埋下了与瓦格纳决裂的种子。① 就理解尼采政治哲学的思想底色而言,这两篇"前言"比《悲剧的诞生》更为重要。

《〈古希腊式国家〉前言》共十四个自然段。② 通过对比古希腊和现代的政治伦理,尼采对现代西方思想的人性论展开了极为尖锐的批判。青年尼采明确宣告,他所揭示的古希腊人的"人性"观堪称"残酷"的真理,作为现代人的"我们"没法承受这样的真理:

> 于是,古希腊人——古代最具人性的人——自在地具有一种残酷特征(einen Zug von Grausamkeit),一种猛虎般的消灭欲(Vernichtungslust)特征:在古希腊人甚至被放大到怪诞程度的镜像中,在亚历山大大帝身上,这个特征非常清晰可见。但在古希腊人的整个历史中,正如在其神话中一样,这个特征不得不让用懦弱的现代人

---

① 参见吕尔,《〈王制〉1871:青年尼采论古代希腊城邦》,见彼肖普编,《尼采与古代》,田立年译,上海:华东师范大学出版社,2014,页103-110。奥尔苏奇考察了尼采的中期和晚期思想如何以古希腊伦理为衡量尺度抨击现代欧洲思想,没有提到尼采早在青年时期就已经建立了坚定地以古希腊伦理为本的思想立场。参见奥尔苏奇,《东方-西方:尼采摆脱欧洲世界图景的尝试》,徐畅译,上海:华东师范大学出版社,2015,页10-39,337-393。详参Quentin P. Taylor, *The Republic of Genius: A Reconstruction of Nietzsche's Early Thought*, Rochester University Press, 1997。

② 五篇"前言"的中译(赵蕾莲译)见《尼采全集》第一卷,杨恒达等译,北京:中国人民大学出版社,2013,页536-563,"《古希腊式国家》前言"见页542-551。这篇"前言"早前有蒋如俊译本(魏育青校),见《复旦哲学评论》,第五辑,上海:复旦大学出版社,2007,页248-257。本文所引采用赵译本(随文注页码),笔者加了自然段落编号,用方括号[ ]标示。译文凡有改动,依据Giorgio Colli/Mazzino Montinari编,*Nietzsche, KSA*,卷一,Berlin,1988,页764-777。

性概念来面对古希腊人的我们置身于恐惧之中。①

直到今天,无论在西方还是中国学界,喜欢尼采的读书人都不在少数,难道"我们"能够承受尼采揭示的"残酷"真理?难道尼采低估了现代的"我们"的精神承受力?情形会不会是:其实"我们"从未坦诚地直面过尼采所揭示的"残酷"真理,否则,"我们"绝不会喜欢尼采?

为了澄清这一问题,我们不妨逐段研读《〈古希腊式国家〉前言》,而且要用尼采自己推荐的阅读方式来读:读的时候眼睛要放尖些,手指头要放慢些。②

古希腊人与现代人

"古希腊式国家"这个题目会让我们以为,尼采这位古典学教授要谈论一个无关现代人痛痒的古代文史论题。让我们感到惊骇的是,"前言"第一句话就尖刻挖苦我们"现代人"(Neueren)引以为自豪的价值观念:

> [1]我们现代人有两个概念胜过古希腊人,它们几乎作为安慰手段给了举止奴性十足却又惧怕"奴隶"一词的世界:我们谈论"人的尊严""劳动的尊严"。(页542)

---

① 尼采,《〈荷马世界的竞争〉前言》,《尼采全集》,第一卷,前揭,页555。
② 尼采,《朝霞》,田立年译,上海:华东师范大学出版社,2014,"前言",5。

尼采开宗明义地表明,他写这篇文章的基本意图是:用古希腊式的价值观念挑战现代式的价值观念。按照我们被现代启蒙思想教化出来的历史意识,今人比古人幸福。古人活得没有"人的尊严",现代人虽然也"劳动",却有"劳动的尊严"。①尼采首先让我们感到惊骇的是,他说我们现代人"奴性十足"(durchaus sklavisch),却又不敢承认自己是"奴隶",用"人的尊严"或"劳动的尊严"之类的观念来哄骗自己——赞叹人的生存"劳动"具有尊严,如果不是现代哲人的"理智"由于"受'意志'诱惑"在刻意骗人,就是在自欺欺人。尼采针锋相对地提出,"劳动"不过是人为了存活而不得不凭靠的"一种痛苦不堪的手段"(ein qualvolles Mittel),毫无"尊严"可言。否则,人们无法解释,为何很少有人不贪图"安逸"。

尼采用下面这句话来结束第一自然段:

[1] 在所有千百万人的劳动困苦中(in der Arbeitsnoth),除了不惜一切代价生存下去的本能,也就是瘦弱的植物借以将根延伸到没有土壤的岩石里的那种同样强大的本能(Trieb),我们还能发现什么!(页542 - 543)

在黑格尔哲学那里,"劳动"这个概念获得了哲学人类学的含义,在马克思哲学那里又进一步获得了历史社会学的含义,但无论在黑格尔还是马克思那里,其含义都是:"劳动"是人的生存的本质,或用哲学行话说,是人的类本质。

不仅如此,对黑格尔和马克思来说,"劳动"也是人类文

---

① 赵译本将 Arbeit 译作"工作",蒋译本译作"劳动",更符合中国口味的黑格尔 - 马克思术语用法。

明发展的基本动因。如果我们已经接受并信服这种"劳动"观,尼采的说法就堪称"残酷":"劳动"固然是人的自然"本能"(Trieb),但它不过是有如"瘦弱的植物借以将根延伸到没有土壤的岩石里"的那种本能。

自近代以来,从霍布斯、洛克到黑格尔,西方哲人关于人的"自然本能"(自然欲望)的界定有很多,就符合人的"自然"而言,尼采的这个界定更为入木三分。

尼采据此宣称,人在本质上是自己的生存的"奴隶",即为了生存不得不从事"折磨性劳动"(verzehrender Arbeit)。十分清楚,所谓"奴隶"不是我们所理解的受压迫阶级的含义,而是哲学人类学的含义:人作为"奴隶"不是受某个阶级的压迫,而是受自己的生存"本能"压迫。

毕竟,即便消灭了地主或资本家,我们仍然是自然生存的"奴隶"。毕竟,与其他动物乃至植物相比,人作为一种类的生存活得非常艰苦——其他动物可以不劳而活,人这类动物却必须靠劳动存活。如果人要不成为自然生存的"奴隶",唯有从这种仅仅为了生存的状态中挣脱出来:

> [2]只有那些随即又被艺术家式文化的高贵的疯狂景象攫住的个人,才能从这种可怕的生存斗争中脱颖而出,从而没有走向实际的悲观论——自然将这种悲观论当作真正的非自然来憎恶。(页543)

"劳动"是人的赤裸裸的"生存-斗争"(Existenz-Kampf),凡是为了如此"生存-斗争"而生活的人都是"奴隶"。只有"被艺术家式文化的高贵的疯狂图景攫住的个人",才不再是受这种"本能"支配的"奴隶"。我们应该注意到,前文说到"奴隶"时用的同义词是"所有千百万人"(aller der Millionen），也就是俗话说的"芸芸众生"。

与此相对照，这里说到"从这种可怕的生存斗争中脱颖而出"的人时，尼采用的是"个人"（Einzelnen），而且用到两个小品词：sofort wieder［随即又］。这意味着，这类"个人"虽然也需要生存，但由于"被艺术家式文化的高贵的疯狂景象攫住"，他才不再仅仅为了单纯的生存而活。

所谓"艺术家式文化"（die künstlerische Kultur）这个特殊概念，很可能来自布克哈特，它指有天赋的个体所创造的高贵"文化"，而非大众知识人所创造的流俗文化——真正的艺术家无不是有特殊天赋的"个人"。所谓"高贵的疯狂景象"这个表达式，则明显来自柏拉图，它会让我们想起《斐德若》中的苏格拉底所描述的"爱欲的疯癫"所看到的景象。①

由此可以理解，尼采所说的这种艺术家式的"个人"，其实指一种特殊类型的灵魂。换言之，"艺术家"仅仅是一种比喻性指称，有别于从未见过"高贵的疯狂景象"的众生灵魂。

芸芸众生没有"被高贵的疯狂景象攫住"，难免会成为"实际的悲观论"者。所谓"实际的悲观论"（praktischer Pessimismus）与当时尼采所钦佩的叔本华哲学有关，即认为人生本身就是"苦"，这是人世的本相。可是，为什么"自然"会把这种悲观论"当作真实的非自然（als die wahre Unnatur）来憎恶"呢？

---

① "高贵的疯狂景象"（die edeln Wahnbilder）赵译本作"高贵幻觉"，蒋译本译作"高贵幻象"，都把 Wahn 译作"幻"。熟悉柏拉图的尼采肯定知道，《斐德若》中的苏格拉底所描述的"爱欲的疯癫"所看到的景象绝非"幻"象，反倒是上天的真实景象。要看到这样的景象，得靠一种特别的灵魂"疯狂"。参见刘小枫编/译，《柏拉图四书》，北京：生活·读书·新知三联书店，2015，页 319-335。

这里的"自然"可以读作"天性","非自然"则可以理解为并非出自天性的"怪物"——今天的智能机器人就是这样的"怪物"。倘若如此,"自然"也可能指"能力最高且最高贵"(in seinen höchsten und edelsten Kräften)的天性,"非自然"则指没有这种天性的人。①

因此,与"奴隶"概念相对的概念不是"主人",而是"被高贵的疯狂图景攫住的个人"。不过,我们仍然可以把这种"个人"理解为"主人"。因为,这种"个人"有支配自己的生存本能的能力,而非仅仅被生存本能所支配。

尼采挑明了这样一个人类学事实:人的灵魂天性有两种类型,或者说有两种本能性的"贪欲"(die Gier)。一种是"生存-斗争的贪欲",这是"所有千百万人"的灵魂类型。另一种是"艺术需求的贪欲",这是极少数"被高贵的疯狂景象攫住"的"个人"灵魂类型。

如果说上智与下愚亘古不移,那么,这两种本能同样如此。天性具有"艺术需求的贪欲"的灵魂才有"尊严"可言,因为这种人的生活不受"生存-斗争的贪欲"支配。现代启蒙哲学企图勾销这种传统的区分,把两种截然不同的本能搅和在一起,于是打造了"个体的人"(der einzelne Mensch)这个概念。所谓"人的尊严"或"劳动的尊严"的说法,不过是用来打造这个概念的工具,以便让"生存-斗争的贪欲"得到"辩护和圣化"(zu entschuldigen und zu weihen)。

启蒙哲学相信,通过普及启蒙教育,天性仅贪欲"生存-斗争"的大众也可以成为天性贪欲"艺术需求"的人。尼采则相信,现代启蒙哲学的这一主张要么是自欺欺人,要么是

---

① 参见尼采,《〈荷马世界的竞争〉前言》,前揭,页555。

在骗人,因为这种捏合是"非自然的融合"。因此他说,现代启蒙哲学所谓"个体的人"有如贺拉斯《诗艺》开篇描绘的那个"怪胎"(页543)。① 尼采的说法让我们能够理解,在后现代的富足舒适的美国和欧洲发达国家,为何会出现如此之多的艺术"怪胎"。

阐明两种类型的天性这一人类学事实之后,尼采才开始说到"古希腊人":

> [3]古希腊人不需要这些个概念虚构,他们以惊人的坦白说,劳动是一种耻辱……人这种东西也是一个耻辱和可怜的虚无,是一个"影子的梦"。……希腊人感到,为了单纯继续活着而斗争的人不可能是艺术家。(页543)

我们难免会问:历史上所有的古希腊人都这样认为吗?显然不是。尼采引用了品达的诗句,但历史上的古希腊人并非个个具有品达的天性。我们至多只能说,品达是为数不多的"被高贵的疯狂景象攫住"的古希腊灵魂之一,他们不再"为了单纯继续活着(um das nackte Fortleben)而斗争",无异于从"所有千百万[古希腊]人"中脱颖而出——尼采随即把"古希腊人"说成"艺术家"。

显然,与"艺术家"这个语词一样,尼采笔下的"古希腊人"是一个比喻指称,喻指有别于"所有千百万人"的灵魂类型。这种灵魂类型的人在历史上尽管代不乏人,却从来不会

---

① 据说,"精神小说"家穆齐尔花了两千多页来描绘这种"怪胎"的画像,仍然没有画全。参见穆齐尔,《没有个性的人》,张荣昌译,上海:上海译文出版社,2015。

成千上万。《悲剧的诞生》问世之后，信奉实证史学原则的古典学家抨击尼采虚构历史的"古希腊人"形象，仅仅证明了他们的灵魂属于何种类型。

比如，维拉莫维茨的脑筋完全没法理解，尼采的"古希腊人"是一个"非历史的"概念，他要用这个概念来摧毁现代实证史学的"毁灭性史学狂热"：

> 尼采不仅希望质疑并对抗他所谓的现代对史学的过高评价，而且为了达到这一目的，他还抬出一种与传统解释完全相反的古希腊文化理论。①

接下来的问题是，哪种灵魂类型应该占据支配性地位。尼采紧接着就说：

> [3]在现代，不是需要艺术的人，而是奴隶，决定着普遍观念：为了能够生活，奴隶依其天性不得不用欺骗性的名称来描述其全部境况。诸如人的尊严、劳动的尊严等幻象（Phantome），不过是自惭形秽的奴隶制（Sklaventhum）的可怜产物。（页543）

这段话让我们清楚地看到，尼采的"古希腊人"与其说是一个史学概念，不如说是一个政治哲学概念。古希腊与现代的对比，或者说"艺术家"与"奴隶"的对比，在尼采那里意味着两种文明类型的对比，而其中隐含的问题是：谁"决定着普遍观念"（die allgemeinen Vorstellungen）。现代文明"为了单纯继续活着而斗争"成了具有支配性的"普遍观念"，这就是

---

① 莫利，《"非历史的希腊人"：神话、历史与古代之利用》，见彼肖普，《尼采与古代》，前揭，页33。

所谓"民主文化"的真正含义。

现代文明是怎么产生的呢？尼采说，"为了能够生活，奴隶依其天性不得不用欺骗性的名称(mit trügerischen Namen)来描述其全部境况"，似乎现代文明是"奴隶"造反的结果，"奴隶"的生存观念夺取了对文明的"普遍观念"的支配权。

尼采死后长期背负蔑视普通民众的罪名，尽管他经常缺乏节制的言辞对此难辞其咎，我们仍然有必要看到：尼采绝对没有蔑视"为了单纯继续活着而斗争"的芸芸众生的生活方式，似乎希望众生个个成为"被高贵的疯狂景象攫住"的人。

尼采清楚地知道，"所有千百万人"的天性不可能不"为了单纯继续活着而斗争"。事实上，尼采恰恰反对现代哲人对"所有千百万人"施行这样的启蒙教育：你们其实是"个体的人"，你们应该学会"反思自身并超越自己"，不再"为了单纯继续活着而斗争"：

> [3]不幸的时代啊！在这样的时代，奴隶需要这些概念，在这样的时代，奴隶被鼓动去反思(zum Nachdenken)自身并超越自己！不幸的诱拐者们已用认知树的果子毁了奴隶的无辜状态！如今，奴隶不得不日复一日地靠这些个一眼就能看穿的谎言虚度光阴(hinhalten)，正如对每个有深邃目光的人来说，所谓"人人平等"或所谓人之为人的"基本人权"或劳动的尊严[之类概念]中的谎言昭然若揭。奴隶甚至不许可去理解，在哪个层级以及何种高度上才可以大概地谈论"尊严"，即当个体完全超越自己，且不必再为其个人的继续活着而繁衍和劳

动。(页 543-254)

尼采在这里用了两个带惊叹号的感叹句。[①] 它们足以让我们清楚看到,尼采为何对启蒙哲人深恶痛绝:启蒙哲人"鼓动"芸芸众生去"反思自己并超越自己",最终"毁了"众生的"无辜状态"。奴隶"被鼓动去反思自身并超越自己"句用的是被动态,这表明众生并非自己主动要去"反思自身并超越自己"!

尼采凭靠古典学识相信,众生绝不会理解"反思"和"超越"。尼采把"现代"称为"不幸的时代",然而,这个时代的"不幸"是启蒙哲人造成的。尼采称启蒙哲人是"不幸的诱拐者"(Unselige Verführer),因为他们用"认知树的果子"——即哲学——"毁了奴隶的无辜状态"。

什么叫作"奴隶的无辜状态"? 如果"奴隶"状态指"为了单纯继续活着而斗争",那么,所谓"无辜状态"(den Unschuldsstand)指的就是"所有千百万人"单纯为了"继续活着而繁衍和劳动"的状态。

为何这种状态是"无辜"的呢? 按照基督教《圣经》中的说法,人本来生活在伊甸园,由于偷吃禁果被逐出伊甸园,从此过上了辛苦的人世生活。人世生活的艰辛由此得到了解释:由于人违反上帝的禁令,生活的艰辛是对人之罪的惩罚。

尼采用"无辜状态"这个语词来反驳这一基督教信仰的人世解释:人世生活的艰辛是人的自然本质带来的,因为人

[①] 原文是两个独立的感叹句,中译文有三个惊叹号,第一个是为了符合中文习惯加的。

的本能就是"不惜一切代价生存下去",有如"瘦弱的植物借以将根延伸到没有土壤的岩石里"。所谓"无辜"就是"无罪",受苦是生存的本相,对此,人不能抱怨或归罪于谁,只能抱怨或归罪自己的生存"本能"。

因此,在尼采看来,就对人世本相的理解而言,佛教比基督教深刻而且真实得多。尽管如此,基督教的人世理解毕竟没有给人世生活的艰辛赋予诱人的光辉。与此不同,启蒙哲学编造"基本人权""人人平等""劳动的尊严"之类的"谎言",让众生以为自己的在世生活是属人的生活,而非悲惨的生活。

只有"深邃目光的人"懂得,"基本人权"和"人人平等"之类的"认知树的果子",其实是蹩脚的"谎言"。道理很简单,即便"人人平等"而且都有了"基本人权",也不等于芸芸众生从此不再"单纯为继续生存而斗争";即便我们以为"劳动"有"尊严",也不等于"劳动"不再是"一种痛苦不堪的手段"。因此,尼采绝没有蔑视芸芸众生为了"继续活着而繁衍和劳动"的人生,而是强烈指控启蒙哲人对众生不负责任的"诱拐"。

在这里,尼采解释了他所理解的"尊严":"当个体(Individuum)完全超越自己,且不必再为其个人的继续活着而繁衍和劳动",才有生存的"尊严"。因此,尼采说,要大概地谈论"尊严",就必须上到某个"层级"和某种"高度"(Höhe)。可是,尼采又为什么说,"甚至不许可(darf nicht)"芸芸众生去理解这个"层级"和"高度"呢?尼采清晰地给出的理由是:芸芸众生既不可以"完全超越自己",也不可以"不必再为其个人的继续活着而繁衍和劳动",否则就违背了自己的生存"本能"。

"残酷的真理"

尼采的说法已经让我们感到难以承受,而到此为止,尼采却还没有说出他要说的"残酷的真理"。尼采甚至说,即便"艺术家式"的劳动也"并无尊严"可言。

> [4]在希腊人看来,艺术家式的创作同样归属于并无尊严的劳动概念,就像任何俗气的手工业一样。但是,如果艺术家式的本能的强制力在希腊人身上发挥作用,那么,他就不得不创作,并忍受那劳动的困苦(Noth der Arbeit)。

"艺术家式的创作"也是一种"劳动",任何"劳动"都是一种"困苦"。艺术家式的"劳动"不是出于"为了单纯继续活着"的"本能"(Trieb),而是"为一个比自己的个体保存更高的目的服务"。尽管如此,"艺术家式"的劳动本身却并没有因此而变得具有尊严。

> [4]希腊人行事有如这样一位父亲,他赞叹其孩子的美和禀赋,但却怀着羞耻的不情愿(mit schamhaftem Widerwillen)回想起生育行为。对这美[生发的]兴致勃勃的惊叹,并没有使他对这美的生成(Werden)视而不见——对他来说,这美的生成像自然中的所有生成一样,是一种巨大的困苦(eine gewaltige Noth),一种向此生的自发突涌(ein Sichdränen zum Dasein)。生殖过程被看成应该感到羞耻地加以隐瞒的事情,尽管在这一过

程中,人为一个比自己的个体保存更高的目的服务:这同样的感情也掩盖了伟大艺术品的出生,尽管通过伟大的艺术品,一种更高的此生形式被开创出来,就像通过生育行为,新的一代被生了出来。(页544)

尼采把"艺术家式"的劳动类比为生育美的行为,从而使之有别于"所有千百万人"仅仅"为了单纯继续活着"而从事的各种劳动。我们不难理解:"艺术家式的本能""贪欲"美和高贵。难以理解的是,尼采为何说,生育出美和高贵固然值得赞叹,但生育过程本身一点儿不美,依然是"一种巨大的困苦",因而对生育过程应该感到"羞耻"。尼采这样说究竟要表达什么意思?

他的意思是:艺术家式的灵魂生育"美"的东西,需要毫无美可言的"劳动困苦"垫底。[1] 换言之,人世中的美的创造极为稀罕,这种创造需要"所有千百万人"承担大量的"劳动困苦"。因此他接下来就说:

> [5]现在,我们有了这个普遍观念,得以把古希腊人涉及劳动和奴役(Sklaverei)的感觉归入其中。对于古希腊人来说,两者是一种必要的耻辱,人们在它面前感到羞耻,既是耻辱,同时又是必要。(页544)

理解"必要的耻辱"(nothwendige Schmach)这个表达式,关键在于理解"必要"这个语词:"劳动困苦"尽管是一种"耻

---

[1] 比较柏拉图的《会饮》中第俄提玛教导苏格拉底何谓"爱欲"时的说法:第俄提玛从普通人的爱欲讲到少数人的爱欲,前者是后者的必要基础(205a5 - 207c1)。

辱",对于"艺术家式的本能"生育美和高贵来说,却是"一种必要"。尼采所说的"普遍观念",就是我们难以接受的"等级制"观念:

> [5]教化(Bildung)首先是真正的艺术需求,它建立在一个令人惊骇的基础之上,不过,在对羞耻的逐渐明晰的感受中,这个基础会让人得到认识。为了使艺术发展有一片广阔、深厚、肥沃的土壤,绝大多数人必须为极少数人服务,必须超越自己的个人需求的尺度,奴隶般的屈从于生活困苦。基于绝大多数人[付出]的代价,那个优选阶级应该依靠他们的剩余劳动摆脱生存斗争,以便造就出一个新的需求世界并满足它。(页545)

"艺术"是生育美的行为的代名词,人类的"教化"基于这种行为。毕竟,所谓"教化"就是用美的东西来培育自己。然而,人世间只有"极少数人"(Minderzahl)具有这种生育本能。由于这种本能,这种灵魂"被高贵的疯狂景象攫住"的"极少数人"理应是"优选阶级"(bevorzugte Klasse),他们对其生育本能仅仅是为了繁衍后代的"绝大多数人"(die ungeheure Mehrzahl)具有生存上的特权。[①] 如尼采在晚期著作《敌基督者》第57节中说:

> 极少数人——作为最完善的等级,拥有极少数人的特权:它代表幸福,代表美,代表地上所有的善。只有那

---

① 赵译本和蒋译本都把"优选阶级"(bevorzugte Klasse)译作"特权阶级",在《敌基督者》57节中,我们可以看到,尼采所用的"特权阶级"是另一个德文词。

些最具精神性的人,才获准追求美,追求美的东西;只有在他们身上,善才不是软弱。

这样一来,生育美的"极少数人"与仅为了繁衍后代的"绝大多数人"形成了一个差序关系或等级关系。显然,这种等级关系与我们所理解的以财富来衡量的贵族－平民等级或以权力来衡量的君王与臣民的关系,完全不是一回事。尼采说的作为"优选阶级"的艺术家本能是一种灵魂类型,这种灵魂本能贪欲美和高贵,"绝大多数人"的灵魂本能仅贪欲"自己的个体保存"(individuelle Erhaltung)。

可以设想:即便人类可以通过民主革命废除贵族－平民或君王－臣民的等级关系,仍然无法通过任何革命来废除尼采说的这种人性差异。就此而言,尼采彻底地质疑了无论自由主义还是共产主义的理想社会前景:毕竟,革命后的国家即便承认了每个人的平等尊严,绝不等于人类已经彻底解决了自身的政治问题。①

现代的"我们"不是已经信服现代的这种"主义",就是服膺于那种"主义",总之,我们断难接受尼采的观点。这意味着,我们断难接受生育美的"极少数人"应该拥有"特权"。时年还不到三十岁的尼采已经意识到这一点,他接下来就说:

> [6]按此,我们必须懂得把以下事实说成是听起来残酷的真理,即这种奴隶制属于一种文化的本质:这当然是一种真理,它对于生存的绝对价值没有留下丝毫怀

---

① 参见施特劳斯,《作为严格科学的哲学与政治哲学》,见施特劳斯,《柏拉图式政治哲学研究》,张缨等译,北京:华夏出版社,2012,页46。

疑。这真理是兀鹫,它不断啄食普罗米修斯式的文化促进者的肝脏。(页545)

注意尼采说的是,他所揭示的"真理"仅仅"听起来残酷"(grausam klingende Wahrheit)。言下之意,对于现代的我们来说,这种"真理"不可避免是"残酷的真理"。尽管如此,尼采仍然固执地说:他所揭示的"真理"属于"文化的本质"。否则,人们就得承认:"文化的本质"不是贪欲美和高贵。

不仅如此,还不到三十岁的尼采已经看到,现代的各种"主义"无不在培育对美和高贵的贪欲的憎恨。

> [6]为了让少量奥林珀斯人能够生产艺术世界,还必须增加艰难度日之人的痛苦(das Elend)。这里有那种愤恨的源泉,共产主义者和社会主义者以及其更为苍白的子孙,那些在每个时代都[会有的]反对艺术,而且也反对古典的古代(das klassische Alterthum)的"自由派"白种人,滋养了这种愤恨的源泉。(页545)

必须承认,年轻的尼采让现代的读书人非常难堪:由于教育的普及,我们成了读书人。然而,我们在天性上并不属于"被高贵的疯狂景象攫住"的"极少数人",即便我们获得了博士学位甚至当上了哲学教授。由于我们的生育本能仍然属于仅仅为了繁衍后代的"绝大多数人",我们不可能不"愤恨"对美和高贵的贪欲本能。让我们更为难堪的是,尼采主张,必须对现代的读书人施行强行管制,否则,对美和高贵的贪欲本能的"愤恨"迟早会毁掉人类文化的本质——

> [6]如果真的听凭一个民族去摆布文化,如果这里

没有无法摆脱的权力(Mächte)在施行统治——对个人来说这些权力就是法律和限制,那么,对文化的蔑视、对精神贫乏的颂扬、对艺术追求的破坏圣像式的毁灭,就会多于受压迫群众对寄生虫般的个人的反抗:这会是同情的呼声,这呼声会推倒文化之墙;要求公正、要求平摊受苦的本能(Trieb nach Gleichmaaß des Leidens)会淹没所有其他观念。(页545)

对我们来说,值得庆幸的是:自由民主观念已经取得了不可动摇的法统地位——"对文化的蔑视、对精神贫乏的颂扬、对艺术追求的破坏圣像式的毁灭",早就已经是我们的"新常态"。倘若如此,尼采在文章一开始的说法就已经一语中的:我们现代人"奴性十足"却又不敢承认自己是"奴隶",用"人的尊严""人人平等"之类的观念来哄骗自己。即将结束关于"古希腊人"的论述时,尼采回到了第一自然段所要揭示的道理:

> [6]有一点不可忘记:我们在任何文化的本质中发现的残酷,同样存在于任何强有力的宗教(jeder mächtigen Religion)的本质中,说到底,存在于权力的本性中,而权力始终是恶(immer böse);所以,如果一种文化凭借对自由或者至少对公正的呼唤拆毁宗教诉求垒得太高的堡垒,我们将同样能很好地理解。任何想要是或者不得不在这种可怕的万物状况中是被称为生活的东西,从根本上讲,其本质都不过是原始痛苦和原始矛盾的映像,也就是说,"顺应世界和大地的器官"落入我们的眼中不得不是从不餍足的生存贪欲和时间形式中永恒的自相矛盾,这就是生成(Werden)。每个瞬间吞

噬掉前面的瞬间,每次诞生都是无数生物的死亡,生殖、生活、谋杀是一回事。(页545-546)

所谓"任何文化的本质"指任何古典文化的本质——其本质在于:这种文化具有"权力的本性"(Natur der Macht)。或者说,古典文化在本质上是一种"权力"的施行,以便强行掩盖人类生存的本相。就此而言,古典文化与宗教在本质上相同:必须施行权力压制"绝大多数人"的本能,以免"从不餍足的生存贪欲和时间形式中永恒的自相矛盾"袒露无遗。毕竟,人类生存的本相说到底不过是"原始痛苦和原始矛盾的映像"。

尼采为何反自由-民主

既然现代的我们已经无条件地赞同自由民主观念废黜古典文化的本质,自由民主的文化让人类的生存袒露出自己的本相,"生殖、生活、谋杀是一回事",我们也就没有什么好抱怨的了。

[6]当今可怕之极的社会危急状态(die ungeheuren socialen Nothstände)诞生于现代人的娇惯,而非诞生于对那种悲苦的真实且深切的怜悯。如果古希腊人毁于其奴隶制会是真的话,那么,另一种情形就更为明确,即我们将因缺乏奴隶制而走向毁灭。

本文在开始时提到,尼采断言,他的"古希腊人"伦理观会让现代人感到惊骇。果然,福山在《历史的终结与最后的

人》中对尼采有一段总体评说:

> 对于我们中那些相信自由民主的人来说,很难沿着尼采的思路走下去。尼采是民主以及作为其基础的合理性的一位公开反对者。他希望出现一种有助于强者支配弱者、加剧社会不平等甚至助长某种残酷的新道德。我们要成为一个真正的尼采主义者,就必须强健我们身体和精神。尼采冬天拒绝给屋子生暖,以致手指冻得青紫,他甚至在精神病发作前的几年里,都几乎每天受十次剧烈头痛的折磨——他指向的生活方式,不会为舒适与和平所动。①

尼采写这篇"前言"时不到三十岁,福山写上面这段话时有多大年纪?对照尼采的原话,任何一个理解力正常的人都会发出这样的疑问:尼采真的是像福山所说的那样"希望出现一种有助于强者支配弱者、加剧社会不平等甚至助长某种残酷的新道德"吗?这会不会是福山这类灵魂类型的猜度呢?无论如何,人们不难设想,假若冥府中的尼采读到这段话一定会朗笑起来,他不会对福山说他"冬天拒绝给屋子生暖,以致手指冻得青紫"生气。尼采与苏格拉底一样清楚,一个读书人的灵魂若缺乏最起码的自知之明,这个灵魂不是可悲,而是可笑。

福山是富足安适的美国生活方式养育出来的智识人,他试图凭靠托克维尔的声望来压制尼采的声音:

---

① 弗朗西斯·福山,《历史的终结及最后的人》,陈高华译,桂林:广西师范大学出版社,2014,页323(以下简称《历史的终结》并随文注页码)。

在尼采之前,托克维尔已经完全意识到从贵族社会过渡到民主社会将会失去什么。他指出,在民主社会中,贵族社会中所特有的那种华而不实的东西越来越少,从诗歌和形而上学理论到法贝尔彩蛋;另一方面,他们会制造大量丑陋实用的东西:机床、高速公路、丰田凯美瑞轿车以及预制结构的房屋。(《历史的终结》,页318)

托克维尔尽管是个贵族分子,面对民主化的世界进程难免会舍不得自己身上的"那种从容刻意的反功利精神所培育的东西",但他也感觉到世界的民主化是一种历史的必然,并明智地"顺从去必然性,并且为它的风靡感到满足":

托克维尔与尼采不同,他敏锐地感受到民主国家中绝大多数人的生活在一点点地改善。而且,无论如何,他觉得民主的进程不可阻挡,因此,一切对它的抵制不仅毫无希望,而且会适得其反:人们充其量能够做到的,就是告诉那些民主的狂热支持者,还有其他替代民主的严肃方案,只要对民主自身进行修正,它们就能够保存下来。(《历史的终结》,页318)

福山所刻画的托克维尔是不是托克维尔本来的样子,他是否也像概括尼采那样,让刻画变成了一幅自身灵魂的哈哈镜,不值得进一步去查考。问题在于,福山用他的"必然性"来反驳尼采,并不具有任何效力。毕竟,即便世界的民主化是一种历史的必然,也不等于尼采所看到的不再是一个人类学事实,或者说不再是一种自然的必然性。无论福山想出怎样的"对民主自身进行修正"的"严肃方案","推倒文化之墙的同情呼声,对正义和平均分担痛苦的渴望会淹没所有其他想法",都会是这个世界实现自由民主化的必然。

黑格尔把"主人"-"奴隶"关系视为世界历史的基本人类学事实;与此不同,尼采把"艺术家"-"奴隶"关系视为世界历史的基本人类学事实。黑格尔-科耶夫从"主奴"关系的辩证法引出了"承认的欲望"的普遍性,由此推导出"现代性"的正当性。①现在我们看到,尼采依据"艺术家"-"奴隶"关系这一世界历史的人类学事实对黑格尔的"现代性"论证提出了反驳。

我们会反驳尼采说:正因为人世的生存太辛苦,启蒙思想才要积极致力于改变人的生存状况。有目共睹的是,现代科学技术的进步极大地减轻了人的自然生存的艰辛,医疗条件的巨大进步使得婴儿存活率和老人寿命期等等都今非昔比。现代商业文明明显增加了人类的财富,使得人的自然生存变得富足、安适甚至悠闲。由于财富的增长,不少人的生活事实上已经不再是"单纯为继续生存而斗争",而是像过上了游戏般的人生。正因为如此,二十世纪的大哲人科耶夫相信,在黑格尔那里,主-奴关系的转变是整个"世界历史"的"劳作"——或者说"世界历史"是主-奴关系的辩证史。

尼采会回答说,的确如此——尽管如此,这些人类进步的历史事实都没有改变这样一个人类学事实:"所有千百万人"尽管不再为生存而斗争,仍然"单纯为继续生存"而生活;或者说,"所有千百万人"的生存即便变得富足、安适甚至

---

① 关于"认知自己"与"承认"的关系,参见科耶夫,《黑格尔哲学中的死亡理念》,见科耶夫等,《科耶夫的新拉丁帝国》,邱立波编/译,北京:华夏出版社,2008,页115。

悠闲,也仍然是"单纯为继续生存"而生活,从而仍然是"奴隶"。重要的是,他们没有"完全超越自己,且不必再为其个人的继续活着而繁衍和劳动",没有"被高贵的疯狂景象攫住"。不仅如此,一旦为了让生存变得富足、安适甚至悠闲来决定人类的"普遍观念",那么,就意味着让"奴性"来决定文明的品质。

我们会进一步反驳尼采说:"所有千百万""单纯为继续生存"而生活的人,未必没有艺术家式的需要,他们在历史的过去为了"生存-斗争"而生活,仅仅因为技术文明不发达,生活方式乃至政治制度不好。如今,商业文明的自由民主政制不是把"千百万"人从"生存-斗争"中解放出来了吗?他们不是都有可能成为"艺术家"了吗?我们不是看到,在富裕的后现代国家,人口不断下降,因为,人们甚至"不必为其个人的继续生存而繁衍",遑论为"继续生存"而劳动?在自媒体时代,尽管不是千百万人在写诗,至少也是成千上万的人在写作或创作视频……尼采的说法难道是人类学的不变事实?

尼采如何回答呢?他说,"所有千百万人"当然都有可能成为"艺术家",从事艺术创作或者写诗,然而,这仅仅是他们有了闲暇之后的消遣,他们的天性中并没有真正的"艺术家式的冲动"。二十世纪的大哲人科耶夫承认,尼采说对了。因为,他们只能模仿自己的天性中没有的激情;他们以为自己因此获得了"幸福",其实获得的仅仅是"满足",就像动物只会有"满足"感,不会有"幸福"感。[①]

---

① 科耶夫,《黑格尔导读》,姜志辉译,南京:译林出版社,2005,页518注释。

"主奴"辩证法是黑格尔法哲学的要核,"主奴"关系的变化是现代国家的基本标示。尼采谈论"古希腊式国家"以"奴隶"和"奴隶制"问题起头,或者说以"奴隶制"作为区分古今国家理念的坐标,可谓抓住了黑格尔法哲学的要害。不仅如此,在黑格尔那里,"主奴"关系具有哲学本体论的含义。换言之,"主奴"关系是一个如今所谓的人类学事实,而非我们今天所理解的历史社会学事实或可供搞阶级斗争使用的概念。现在我们能够体会到,与青年尼采的见识相比,从哲学本体论上讲,黑格尔的"主奴"关系论很肤浅。

不妨这样来总结,尼采所谓"残酷的真理"意味着这样的真理:科技文明也好,民主政制也罢,都无法改变如下生存事实,即"所有千百万人"不过是为"生存"而活的奴隶。这个真理仅仅对福山这样的启蒙知识人而言堪称"残酷",因为,福山与"我们"中的多数人一样,天生并没有"艺术家"的灵魂天性,却以为自己上过常春藤大学并获得博士文凭,自己就不再是为"生存"而活的奴隶。这意味着,相信商业文明、技术进步和民主政制是人类的最高价值,无异于对人类真正的最高价值即高贵和美的精神质量的彻底颠覆。一旦这种颠覆得以实现,"人人平等"的观念就会让所有天性质量低劣之人的观念获得平等的政治权利,随着民主化大学教育的普及,整个人类文明的景象必然是精神或文化或学术领域的群魔乱舞。

"骗人的光辉"

在对比"古希腊人"与"现代人"之后,尼采转向了古今国家观念的对比:

[7]因此,谁只要能够不无忧伤地反思社会的形构,学会了把它理解为得到豁免的文化人持续而痛苦的诞生,所有其他人都不得不煎熬着为这诞生服务,那么,他也就不再被现代人洒在国家的起源和意义上的骗人光辉欺骗。(页546)

所谓现代人给"国家的起源和意义"洒上骗人的光辉,意指现代哲人通过重新解释国家的起源更改了关于国家德性品质的传统定义。为什么尼采没有一开始就直奔主题谈论"国家",而是先有一番关于人的灵魂类型的辨析?

如果我们读过柏拉图的《理想国》,那么,这个问题就不难回答:因为在苏格拉底这样的高人看来,有什么样的灵魂类型就会有什么样的政制。任何文化形态都得靠国家来打造:古典文化由古典的国家形态打造,现代文化由现代的国家形态打造。有什么样的国家,就会有什么样的文化形态,而所谓"文化形态"不过是人的灵魂类型的映像而已。因此,在揭示了现代智识人的灵魂品质之后,尼采才开始谈论现代人的国家观,可谓顺理成章。

那么,什么是"现代人洒在国家的起源和意义上的骗人光辉"?这一"光辉"为什么是"骗人的",而"被欺骗"(getäuscht werden)的又是谁?

尼采在前面已经揭示过:被欺骗的是芸芸众生,如此欺骗为的是让他们忘记生存的本相——忘记"原始痛苦和原始矛盾的映像"。由此可以理解,所谓"骗人的光辉"指的是,现代人以为国家建构可以让众生彻底摆脱生存性的"原始痛苦和原始矛盾"。

尼采所理解的国家不仅与此不同,而且听起来还让人感到惊骇——至少让今天的我们感到不舒服。在他看来,国家无异于一个强制性的"铁夹"(die eiserne Klammer),让芸芸众生彼此归属,以便"得到豁免的文化人(jener eximirten Kulturmenschen)持续而痛苦的诞生"成为可能,由此形成人世间的"金字塔结构"。[①] 然而,现代人的国家观改变了这一古典遗训,因此尼采质问道:

> 如果国家不是一种手段,以之推动先前所描述的那种社会进程,并且确保其顺利延续,那么,国家对我们来说还能意味着什么呢?即使单个的人身上趋于社会性的本能再强烈,也只有国家的铁夹才强制更大量的群众彼此如此[结在一起],以至于如今社会的化学分化不得不以其新的金字塔结构才能进行。(页546)

我们有必要问:谁在给"国家的起源和意义"洒上"骗人的光辉"?这里多次出现的"社会"一词表明,尼采指的是从霍布斯(1588—1679)到黑格尔(1770—1831)的国家学说,他们都把国家的本质和目的理解为建构"市民社会"。[②] 因此,"社会性"(Geseligkeit)是现代国家学说的核心概念,即国家如何才能促成"单个人"(den einzelnen Menschen)相互结成"社会"。这样一来,个人的"自我中心论"(Egoismus)就成了现代国家学说始终得面对的问题。

尼采在这里提出的问题具有釜底抽薪的穿透力:应该从

[①] "得到豁免的文化人"(jener eximirten Kulturmenschen),赵译本作"高高在上的文化人",蒋译本作"高贵的有教养的人"。

[②] 参见霍布斯,《利维坦》,黎思复、黎廷弼译,北京:商务印书馆,1985/2017,页128–132。

谁的生存贪欲出发来思考国家问题。显而易见,唯有从"得到豁免的文化人持续而痛苦的诞生"着眼,人们才有可能说:"国家的目的远远超出个人的眼界和自我中心论。"(页546)

不难看出,虽然尼采在这里采用了"社会"这个现代国家思想的核心概念,但他并不接受现代国家思想对"社会"的理解,或者说他不可能接受当时已经开始流行的社会学思想。这促使我们想到一个问题:要理解某种国家思想,首先必须看清楚思考者在思考国家问题时的出发点是什么。

尼采明确表明,他思考国家问题的出发点是如何促成"得到豁免的文化人持续而痛苦的诞生"。所谓"文化人"指天生有"艺术需求"的少数人,他们挣脱了单纯的生存需要,或者说"豁免"不为生存需要而活,而"所有其他人"都必须为这"文化人"的诞生服务。因此尼采说,一旦反思这样一种"社会的形构"(die Configuration der Gesellschaft),就难免"不无忧伤"——为什么尼采会感到"忧伤"?

霍布斯思考国家问题的出发点是每一单个的人,他们的生存目的是"个人生命的自我保存",从而,霍布斯的国家学说不得不屈从于"个人的眼界和自我中心论"——如卢梭所说,人民很难形成真正的"公意",而黑格尔则为每一单个的人如何形成有机的共同体而伤透了脑筋。[1]这些现代的大哲人在思考国家问题时无不是在替整个共同体利益着想,尼采却因这类国家思想而感到"不无忧伤",因为,他们考虑国家

---

[1] 关于"单个人"的黑格尔式阐释,参见科耶夫,《黑格尔哲学中的死亡理念》,前揭,页98 - 100;详参米歇尔·哈德蒙,《黑格尔的社会哲学:和解方案》,陈江进译,北京:北京师范大学出版社,2020,页156 - 244。

问题时的出发点是让每个有生存需求的人有自己的自由和相互平等的权利,而不是使得极少数"艺术需求"得到养护和保障。

尼采宣称"国家的目的远远超出个人的眼界和自我中心论"后问道:

> 然而,国家这突如其来的权力又是从何产生的呢?(页 546)

国家意味着"权力"(Macht),它的实质性含义就是"强力"(Gewalt),而"强力"就是"蛮横、篡夺、强制行径"的"权利"(Recht)。这听起来似乎很"残酷",其实尼采不过是在化用霍布斯的国家权力观来表达自己的观点。霍布斯懂得:

> 著作家的意见不管多么正确,如果没有国家的权力支持,单凭他们自己的权威不能使他们的意见成为法律。(霍布斯,《利维坦》,页 215)

尼采关注的问题则是,著作家对于国家应该有怎样的正确意见。在他看来,按照古典的观点,国家应该是某种"征服者的伟大和权力"的体现,是"那位铁腕征服者"的"本能的客观化":

> [8]这里我们再次看到,为了走向社会,自然以何等冷酷无情的铁石心肠(mit welcher mitleidlosen Starrheit)打造出国家这残酷的工具,即那位铁腕征服者,他不过是上述本能的客观化。这种征服者的伟大和权力难以界定,观察者感觉到,这种伟大和权力不过是一种意图的手段,这一意图既在征服者的伟大和权力中展露自

己,又对它们隐瞒自己。(页547)

按照前文的理路,我们很容易理解这里的"自然"指两种天性的人在自然等级上的区分。因此,所谓国家不过是"自然"的"残酷工具"(das grausame Werkzeug)不外乎指,国家是具有高贵精神的文明赖以形成和发展的工具。由于这个"工具"的使用体现为"征服者的伟大和权力",国家的运行难免显得"残酷"。

尼采接下来就指出,现代哲人从人的自然状态出发看待国家的起源,用"计算理性"(der rechnende Verstand)看待国家的形成,通过重新解释"历史"(die Historie),把国家的目的说成实现个人的自我保存的工具,国家的"残酷"含义就变了。

> [9]如果现在国家甚至被热情地看成是个人的献身与义务的目标和顶点,那么,这一切说的都是国家的极大必要性(die ungeheure Nothwendigkeit),没有国家,自然就无法通过社会达成其显现中(im Schein)的拯救,天才之镜中的拯救。对于认知(Erkenntnisse)来说,对国家的本能兴趣有什么克服不了的呢!可是,人们应该想想,一个洞穿国家形成的人,随后竟然只会惊恐地远离国家去寻求自己的福祉(Heil)……(页547)

如果把这些话视为尼采直接针对霍布斯和黑格尔的言说,否则很难理解其中的含义,我们就得进一步问:霍布斯和黑格尔都属于"洞穿国家形成的人",但他们"惊恐地远离国家去寻求自己的福祉"了吗?对我们来说,这无论如何都难以理解。尼采的言辞表明,他也很难理解。因为,作为"洞穿国家形成的人",霍布斯理应懂得,为什么国家是"个人的献身与义务的目标和顶点",但他却把国家说成应该为个人的自我保存服务。黑格尔虽然认为,这样的观点会把国家的目的看低了,他仍然没有摆脱霍布斯的设论前提。

在任何时代,关切国家问题的人都是极少数,他们天生有"对国家的本能嗜欲"(die instinktive Lust am Staate)。如果这种人"惊恐地远离国家去寻求自己的福祉",那么,这仅仅表明他们没有能够承受住某种现实性的东西,放弃了"艺术需求的贪欲",转而为"生存-斗争的贪欲"殚精竭虑。这里的"惊恐"一词让人想起霍布斯在《自传》中的说法:他生下来是双胞胎,其孪生兄弟叫作"恐惧"(fear)。①其实,霍布斯的"恐惧"仅一半来自天生,另一半则来自当时英格兰众生的生存贪欲引发的动乱。霍布斯本来指望通过重新规定"国家的起源和意义"来克制英格兰众生的生存贪欲引发的"恐惧",未料事与愿违。在他的教诲下,"大多数人"(die meisten Menschen)开始憎恨国家:

> 国家,可耻地诞生的国家,对于大多数人来说,是一个不断奔流的苦难之源,在经常重复出现的周期中,是人类劳命伤财之火……(页547)

直到今天,对国家的如此后现代式抱怨不仅不绝于耳,而且越来越尖利,甚至会通过解释古希腊肃剧来强化这种抱怨。②

---

① 参见霍布斯,《利维坦》,前揭,"出版说明",页2,比较页10。
② 米歇尔·福柯,《对活人的治理:法兰西学院课程系列(1979—1980)》,赵灿译,上海:上海人民出版社,2020,页30-117。

面对1848年革命以来席卷整个欧洲的新国家观,青年尼采针锋相对地提出:

> 然而,国家也是使我们忘我的声音,是鼓舞起无数真正的英雄壮举的战场呐喊,兴许对盲目、自私的大众来说也是至高至尊的对象,毕竟,只是在国家生活的非凡时刻,大众才在脸上流露出对伟大的陌生表情!(页547)

即便在如今美国这样的自由民主国家,仍然需要培育自己的公民把国家视为"至高至尊的对象",用自己国家的历史来教育公民,激励他们把国家视为"鼓舞起无数真正的英雄壮举的战场呐喊"。然而,由于美国的立宪原则基于现代哲人重新规定"国家的起源和意义",大众又不可能不被教育成"盲目和以自我为中心"的个人。

尼采紧接着提出了一个问题:何谓"自在的政治人"(politische Menschen an sich)?

> [10]鉴于古希腊人艺术独一无二的艳阳高照,我们必须将古希腊人先验地构想成"自在的政治人";而且,实际上,历史不知道第二个这样的例子:为了服务于这种国家本能,如此可怕地激发政治冲动,如此无条件地牺牲一切其他利益……(页547)

"先验地"(a priori)和"自在"(an sich)都是德意志启蒙哲人喜欢用的形而上学语汇,尼采却让它们承载古希腊历史的"恐怖场景":

> 那种特洛伊战斗的恐怖场景不断更新,荷马作为真

正的希腊人站在我们面前,饶有兴致地沉浸于对这些场景的观望——古希腊式国家的这种质朴的野蛮表明了什么?它从哪里获得自己在永恒正义的法官席面前的辩护?这个国家骄傲而平静地走到法官席面前,手牵着那个风姿绰约的女子——古希腊社会。为了这位海伦,这个国家进行的那些战争——哪个白胡子法官可以在此做出裁决?(页548)

荷马"作为真正的希腊人"是"自在的政治人"的伟大代表。所谓"自在的政治人"指对国家进行的战争"饶有兴致",而现代人则会把这种兴致视为"质朴的野蛮",因为霍布斯说过,

> 在没有一个共同权力使大家慑服的时候,人们便处在所谓的战争状态之下。[……]只要每个人都保有凭自己想好做任何事情的权利,所有的人就永远处在战争状态之中。(霍布斯,《利维坦》,页94,99)

提出这种看法的人能被称之为"自在的政治人"吗?难道青年尼采要让荷马与霍布斯"在永恒正义的法官席面前"面对面展开辩驳?尼采谈的是国家间的战争,而霍布斯说的是国家权力形成之前的战争,两者完全不是一回事啊。

尼采接下来的说法表明,他的言辞的确是针对霍布斯:

> [11]在这里,我们感悟到国家与艺术之间、政治贪婪与艺术创造之间、战场与艺术品之间的那种充满秘密的关联,正是在这种关联那里,如已经说过的那样,我们把国家仅仅理解为强制社会进程的铁夹:没有国家,在

自然的"所有人对所有人的战争"中,社会根本不能更大规模地和超越家庭范围地扎下根来。(页548)

尼采明确用到"所有人对所有人的战争"这句霍布斯的名言表明,在他看来,霍布斯已经不能理解人世政治"充满秘密的关联"。霍布斯心目中的国家是为了抑制"所有人反对所有人的战争"而诞生的,但在尼采看来,"到处都建立国家之后","所有人反对所有人的战争"会变得更加炽热——既在国家之间,也在社会内部。这意味着,"每个人都保有凭自己想好做任何事情的权利"与其说是自然状态,不如说是政治状态。因为,每个人想要做的事情并不普遍地一致:受"生存贪欲"支配的灵魂与"被高贵的疯狂景象攫住"的灵魂想要做的事情有"先验的"差异,两者保有的权利也因此而有政治上的差异。由于霍布斯忘记了这一人世政治"充满秘密的关联",他才会致力于"在国家的起源和意义上"洒上"骗人光辉"。

天生缺乏政治本能的人

由此引出了全文中篇幅最长的第 12 自然段,其主题是辨析"非自在的政治人"。显而易见,这是一个自身携带着矛盾的语词:既是政治人却又天生缺乏政治本能。现代哲人的思考习惯是,跟随霍布斯说的道理进一步思考:要么发展,要么辩驳。与此不同,尼采虽然年轻,但他熟读过柏拉图,懂得面对某个人的言辞时,首先应该分辨其灵魂类型及其品质,否则,即便是"第一种姓"之人,也难免会在进一步思考中迷失自身(比较柏拉图《斐德若》270c9 – d8)。

尼采说,与"古希腊人的政治世界"对照,当今的政治现象让他感觉到"政治领域令人担忧的危险萎缩",这对于艺术和社会来说都是灾难性的。我们必须提醒自己,所谓"艺术"和"社会"实际上分别寓指"被高贵的疯狂景象攫住"的灵魂和受"生存贪欲"支配的灵魂。在尼采看来,即便不是为了"艺术"的目的,仅仅为了"社会"能够"扎下根来"(Wurzel schlagen),"第一种姓"之人也必须把国家理解为一种强制性的"铁夹"。可是,如今的哲人似乎天生就缺乏"民族和国家本能"(Volks – und Staateninstinkte),因为他们凭靠自然状态的先验法则把个人构想为"自在的人"(Mensch an sich)。

> [12]假如有这样一种人,他们一生下来就被置于民族和国家本能之外,从而不得不把国家仅仅视为他们凭自己的本己利益来把握的那种国家,那么,这种人必然把大的政治共同体尽可能不受干扰的比邻生活设想为最终的国家目的,在这些共同体中,可以允许他们在所有人面前无限制地致力于本己的打算。头脑中有着这样的观念,这种人就会促进为这些打算提供最大可靠性的政治,无法想象他们会违背自己的打算,在一种无意识本能的引导下为国家倾势(Staatstendenz)做出牺牲。之所以无法想象,正是因为他们缺乏这种本能。(页548)

尼采的意思是,如今的哲人天生就是受"生存贪欲"支配的灵魂,否则他们不可能"把大的政治共同体尽可能不受干扰的比邻生活设想为最终的国家目的",进而允许所有人在民主的法律范围内毫无限制地致力于"本己的打算"(den eigenen Absichten)。他们忘记了或者不再能理解古希腊人的如下伟大见识:

> 国家的所有其他公民都不清楚自然以其国家本能在他们身上打什么主意,稀里糊涂地盲目追随;只有那些立足于这种本能之外的人知道,他们想从国家那里得到什么,以及国家会满足他们什么。因此,这样的人不可避免会对国家产生巨大影响,因为,他们可以把国家看成手段,而所有其他人在国家的那种无意识意图的权力之下都仅仅是国家目的的手段。(页548-549)

显然,我们不能说,霍布斯没有"把国家看成手段"——毋宁说,他仅仅用这个手段来"最大限度地促进[所有人]自私自利的目的"(höchste Förderung ihrer eigennützigen Ziele),让国家"能够得到合理利用","尽可能剔除、削弱政治上的特殊冲动"(die politischen Sondertriebe),其结果是,受"生存贪欲"支配的灵魂"尽可能剔除、削弱"了"被高贵的疯狂景象攫住"的灵魂的特殊冲动。于是,一类新政治人在欧洲土地上出现了:

> 他们寻求从个人统治者(einzelner Machthaber)手里夺走战争与和平问题的决定权,以便能更多诉诸大众或其代表的自我中心主义。为此,他们又必须慢慢消除各民族的君主政体本能。他们通过最普遍地传播自由乐观主义的世界观来适应这个目的,这种世界观植根于法国启蒙运动和法国大革命的学说,亦即植根于一种完全非日耳曼的、纯罗曼人式肤浅(ächt romanisch flachen)的非形而上学的哲学。(页549)

尼采把这类新政治人称为"真正国际的、无家可归的金钱修道士"（Geldeinsiedler）——正式的学名是"世界公民论者"。由于这类新政治人的灵魂类型属于受"生存贪欲"支配的灵魂，"天生缺乏"（natürlichen Mangel）国家本能，因此，他们不用谁教就能学会"滥用政治作为交易所的手段，滥用国家和社会作为自己的敛财工具"。

如今我们知识分子大多是"世界公民论者"，因此很难理解更不用说接受青年尼采的主张：为了扭转"从国家倾向转向金钱倾向"（Ablenkung der Staatstendenz zur Geldtendenz）的普遍历史趋势，他竟然鼓吹战争。尼采虽然年轻，但他清楚知道，唯有通过战争，受"生存贪欲"支配的众人才会懂得：

> [12] 国家不是因恐惧战争精灵（Furcht vor dem Kriegsdämon）而建立起来的自私个人的保护机构，而是在对祖国和诸侯的爱中由衷地产生的一种伦理热情（einen ethischen Schwung），这种热情表明了一种高得多得多的使命。（页549）

青年尼采的这些言辞听起来颇为"封建"，他一定意识到这一点，因此他并不指望我们能理解。他仅仅指望我们理解他为何会赞美代表"艺术本能"的荷马，说他"作为真正的希腊人站在我们面前，饶有兴致地沉浸于"观望战争场景。

> 如果我把运用革命思想来为自私的、没有国家的金钱贵族服务描绘成政治现实的危险特征，如果我把自由的乐观主义极其广泛的传播同时理解为陷入不寻常之手的现代金钱经济的结果，并看到社会状况的所有不幸，包括要么由此萌发要么与此伴随的种种艺术的必然

衰落，那么，人们就得原谅我偶尔唱一支赞美战争的歌。（页549）①

尽管如此，青年尼采并没有顾及我们的耳朵，他接下来所说的事情，从话题到言辞，如今的世界公民们都会觉得太过刺耳（第13自然段）——他谈到了政治的极端形式：战争和军人职业。尼采为什么要谈论这个话题？显然，尼采希望通过永恒的战争状态让我们看到国家的"模板"（Abbild）或"原型"（Urbild）。

我们则应该意识到，尼采谈这个话题实际是在引导我们回到人世常识，进而促使我们看到这样的政治现实：即便在最为自由民主的现代国家如美国，军队的"军事等级"（militärische Kasten）仍然是金字塔形的"战争社会"（kriegerische Gesellschaft）。显然，尼采刻意用"社会"这个现代概念挑战现代的"市民社会"观，或者说挑战"人人平等"的现代权利观念。"战争社会"强行将"混乱的大众划分、切割成军事等级"，"强迫每一个个人就范"（页550）。在这个金字塔结构中，最高等级的"军事天才"方堪称"原初的国家缔造者"（den ursprünglichen Staatengründer）——甚至"国家的根本观念"（Grundidee des Staates）。

尼采随即回到了文章开头关于"人的尊严"和"劳动的尊严"的话题，并表达了他认为"最具普遍意义"的道理。

> [13]每个人，以及他的全部活动，只有在他有意或无意地充当天才工具的时候，才有尊严。由此可以立即

---

① 比较黑格尔关于"战争的历史必要性"的论述，参见科耶夫，《黑格尔哲学中的死亡理念》，前揭，页103-107。

推断出这一伦理结论:"自在的人",绝对的人,既没有尊严,也没有权利(Rechte),更没有义务;只有作为完全被规定了的、服务于无意识的目的的生物,人才能为其生存辩护。(页550–551)

现在我们能够明白,尼采为何说他的国家观是"古希腊式的"——因为其形式是一个"金字塔结构"。由此我们可以理解,尼采的所谓"古希腊式国家"与他的"古希腊人"概念一样,是一个"非历史的"政治哲学概念。

由此来看,Der griechiche Staat 译作"古希腊式国家"比"古希腊国家"更好。尼采当然知道,历史上并不曾有过一个统一的古希腊国家。他"先验地构造"出这个理念,不过是为了与现代的国家理念形成对照罢了。

柏拉图的"秘密学说"

尼采以对柏拉图《王制》的赞美结束全文。在尼采的整个一生的写作中,他对柏拉图的如此赞美都实属罕见,尽管在这里也不是没有保留。

他说,现代的思想世界尽管还在崇拜柏拉图,其实,现代的思想者已经看不到柏拉图的真正伟大之处。那些自以为"有'史学'教养的人"尤其可笑,他们带着一脸"嬉笑的优越表情"(die lächelnde Überlegenheitsmiene)"拒绝古代的成果",看不到柏拉图的真正伟大之处在于:当"一眼看透当时的国家生活可怕地遭到毁坏的神首柱",他凭靠"一种诗人的直觉"(eine dichterische Intuition)发现了"国家的本真目的"

(das eigentliche Ziel),并阐明了"一种深邃的秘密学说"——关于"国家与天才之间相互关联的秘密学说"。青年尼采相信,这种学说永远需要重新阐明(页551)。

在什么意义上讲,这种关于"国家与天才之间相互关联"的学说是一种"秘密学说"(Geheimlehre)?既然是"秘密学说"就不可公开,尼采为何又要在这里公开?

理解或懂得这种秘密,既需要智慧也需要学识。我们显然不能说,霍布斯或黑格尔等现代哲人在智慧和学识方面都是平庸之辈。问题恐怕在于天才的类型:

> [14]柏拉图的政治激情的全部炽热和崇高都投入了那种信念、那种愿望——在这种炽情中他燃尽了自己。在其完美国家中,他置于顶尖位置的不是其一般概念上的天才,而仅仅是智慧和知识的天才……(页551)

这里的关键词是政治激情的"炽热"和"崇高",但更为重要的是"炽热"和"崇高"的叠合。因为,有"炽热"的政治激情的现代哲人不在少数,但罕见与"崇高"叠合。

不对吧?康德和席勒不是都论述过"崇高"?的确如此,青年尼采对此远比我们清楚。正因为如此,他必须重新辨析何谓"崇高"——或者说,正因为如此,为了对抗现代的自由民主国家理念,他必须用"古希腊式国家"或"荷马的竞赛"这样的书名做文章。这意味着,必须重启古典诗学。

青年尼采的这篇文章实际上延续了十七世纪末以来的"古今之争"。从孟德斯鸠、伏尔泰到黑格尔——更不用说尼采的同时代思想家,他们无不以为古代政制已经被现代进步"扬弃"。尼采虽然年轻,但他顽固地认为:现代国家理念表征的是人类文明的堕落——其根本原因在于西方天才类型的灵魂品质蜕变。

余 绪

《悲剧的诞生》虽然是题献给瓦格纳的,实际上,当时的尼采已经有了新的令他敬仰的前辈。当二十六岁的尼采受聘为巴塞尔大学古典学教授来到巴塞尔时,正好赶上布克哈特在1870年冬季学期第二次讲"史学研究导论"课。尼采在瓦格纳精神笼罩下写作《悲剧的诞生》,但听过布克哈特关于如何研究世界历史的讲座之后,他觉得自己有了新的知音。

布克哈特是自伏尔泰开创俗世的普遍历史以来尝试世界文明史新路径的大家。从伏尔泰到布克哈特,西方的现代历史哲学走完了第一个圆圈——在这个圆圈的结尾处站着尼采。在送给瓦格纳夫人的"五篇未成文之书的前言"中,有一篇为《论真理的激情》草拟的"前言",尼采在其中写道:

> 也许,一个冷酷的魔鬼对我们用骄傲的隐喻称为"世界历史""真理""声望"的一切不知说什么好,只会说:"在银河中闪烁奔泻的宇宙中某个偏远的角落,曾有一颗星球,聪明动物在那里发明了认知。这是世界历史上最高贵、最有欺骗性的瞬息,但仅仅是瞬息而已。在自然喘息几口之后,这颗星凝固了,聪明动物不得不死亡,也是时候了:因为,尽管他们自鸣得意地认为自己认知了许多东西,但是,他们最后都十分恼怒地发现,他们把一切都认知错了。他们死了,在真理之死中诅咒。这就是发明认知的这种绝望动物的方式。"如果人仅仅是

一种认知动物,那么,这就会是人的命运;真理会逼他进入绝望和毁灭,永远注定成为非真理的真理。(《尼采全集》卷一,前揭,页539–540)

加了引号的"世界历史"这个语词来自布克哈特的课堂,对于我们来说,这个语词无异于人类文明的全部历史。在布克哈特看来,所谓"历史"指一种时间区分意识,即把生命时间切分为过去、现在、未来。历史意识是"文明人"的标志,因为它意味着人对自己的生活有了区分和比较,野蛮人的生活感觉仅有当下。① 区分和比较是认识的基本特征,由此产生出知识。在布克哈特看来,世界历史就是这样的知识。布克哈特的"世界历史"观察是否激发尼采已经想到了"永恒复返"的景观呢?

青年尼采一方面对布克哈特的渊博学识深感敬佩,另一方面也对他的世界历史意识感到不屑。在宇宙自身的无限运动中,作为"聪明动物"的人固然"发明了知识",并引以为自豪,但在尼采看来,这不过是"最傲慢、最有欺骗性的瞬息"。毕竟,在自然的永恒运动中,这个瞬息很快会化作乌有:在这个瞬息之前和之后,并没有"聪明的动物"。

《论真理的激情》"前言"随后衍成《论道德之外意义上的真理与谎言》一文,上引那段话出现在了文章开头。② 为什么"论真理的激情"会变成"论道德之外意义上的真理与谎言",这个问题相当吸引人,却又极为费解。无论如何,这篇论文后来虽因偶然原因未能刊行,却"成为尼采自己的哲学

---

① 布克哈特,《历史讲稿》,刘北成、刘研译,北京:生活·读书·新知三联书店,2009,页5。
② 《尼采全集》卷一,前揭,页619。

的奠基之作"。①

"聪明动物"之所以"聪明",关键在于能够用凭靠区分和比较获得的知识教育自己,把自己培育成"有教养的人"。1871年初冬,布克哈特在巴塞尔大学做了一场题为《世界历史中的幸运与不幸》的演讲,结束演讲时他曾这样预测世界历史"不久的未来":一系列新的战争即将到来,人文教育的普及会使得"人们对痛苦的感受程度以及急躁情绪变得更加强烈"。②

"五篇未成文之书的前言"中有两篇涉及教育问题:《关于我们教育机构未来的想法》(随后衍成《论我们教育机构的未来:六个公开报告》)和《叔本华哲学与德国文化的关系》(随后衍成《不合时宜的观察》中的第三篇《作为教育者的叔本华》)。这两篇文稿想必与布克哈特的如下预言有关:人文教育的普及未必意味着人类的进步,反倒可能会使人的精神变得十分脆弱。③

在《论真理的激情》"前言"中,尼采对于文化教育的意义做过这样一番描述:

---

① 施特格迈尔,《尼采引论》,田立年译,北京:华夏出版社,2016,页13-18。
② 布克哈特,《世界历史沉思录》,金寿福译,北京:北京大学出版社,2007,页257。
③ 奥尔苏奇注意到尼采与布克哈特对古希腊伦理的看法并不一致的地方,但没有理由忽视两人一致的地方。参见奥尔苏奇,《东方-西方:尼采摆脱欧洲世界图景的尝试》,前揭,页23,179,197。此外,尼采的早期文稿已经竖立起古希腊式伦理与现代式伦理的对立,奥尔苏奇却将尼采把"古希腊人作为现代颓废的对立面"的观点归于施密特在1882年出版的《古希腊人的伦理》(参见页355以下)。

世界最终完成的一瞬间似乎会在没有后世和继承人的情况下像一道稍纵即逝的光线那样消失,这最强烈地伤害了道德之人。道德之人的要求更应该是:曾经存在过一次、要把"人"这个概念更美地传播开去的东西,也必然永恒地存在着。伟大的瞬间形成一个链条;这些瞬间作为山脉,把绵延几千年的人类联系起来;一个以往时代的最伟大之处对我也是伟大的;功名心有预感的信念成为现实,这些便是文化的基本思想。(《尼采全集》卷一,前揭,页537)

这里出现的"道德之人"与尼采后来发展成文的《论道德之外意义上的真理与谎言》的所谓"道德之外"有什么关联吗?回答应该是肯定的,因为,尼采紧接着就写道:

文化斗争因伟大者应该永恒的要求而爆发,因为其他还活着的一切都在喊"不!"随遇而安者、渺小者、平庸者充斥世界所有的角落,作为我们注定要呼吸的浓重尘世空气,围绕着伟大者翻滚,碍手碍脚地,有如蒸煮中令人窒息、令人迷乱、令人不知所措地,堵塞了伟大者走向不朽的必经之路。(同上)

既然如此,尼采还会指望人文教育有什么积极意义呢?因此他相信:

最胆大包天的骑士你得到哲人[热爱智慧者]那里去寻找。他们的工作没有将他们引向"听众",引向群情激昂和同时代人的欢呼喝彩。踽踽独行是他们的一部分天性。其才华是最罕见的,从某种角度来看,也是自

然中最不自然的东西,而且甚至排斥和敌视同类才子。(《尼采全集》卷一,前揭,页 537 – 538)

整整一百年后,福山提醒我们,尼采仍然是民主理论不得不面对的最为强劲的敌人(《历史的终结》,页 309 – 329)。由此我们可以理解,为何青年尼采会把他从柏拉图的"秘密学说"那里看到的真理称为"残酷的真理"。就此而言,仅仅为了提高我们的民主政治觉悟,我们也有必要感谢青年尼采的这篇《古希腊式国家》"前言"。

尼采、布克哈特与人文教育的后现代困境

1869年,尼采从德意志东部的莱比锡来到瑞士西北部比邻德法的重镇巴塞尔。当时,普法战争尚未爆发,德意志帝国(1871—1918)也还没有诞生。

按今天的情形来讲,时年二十五岁的尼采至多是个刚考上博士的研究生,而他却是因受聘为巴塞尔大学古典学教授来到巴塞尔。三年后,尼采发表了《悲剧的诞生》(1872)。在随后四年里,尼采连珠炮式地发表了四篇"不合时宜的观察",依次分别题为:《大卫·施特劳斯:自白者与作家》(1873)、《论史学对生活的利弊》(1874年初)、《作为教育者的叔本华》(1874年底)和《瓦格纳在拜罗伊特》(1876)。

尼采后来坦陈,前三篇"不合时宜的观察"实际上写于《悲剧的诞生》之前。① 按照这一提示,我们应意识到,如果

---

① 尼采,《人性的,太人性的》,卷二"序言"(1),魏育青、李晶浩、高天忻译,上海:华东师范大学出版社,2008,页398。

没有充分理解前三篇"不合时宜的观察"——尤其第二篇《论史学对生活的利弊》,那么,他的《悲剧的诞生》很难得到恰当的理解。我们一向看重《悲剧的诞生》,对"不合时宜的观察"却不太在意,并不符合尼采对自己的理解。

朗佩特说得有道理:

> 《论史学对生活的利弊》描绘了现时代的状况,并点燃了反现代性的精神战火,尤其反对所谓的"历史感",或者广义上说,反对当代人对科学的理解。一个人能否抗拒自己的时代?一个科学的和史学的人(像尼采那样)能否抵抗自己所处的科学与史学的时代?①

这里所说的"科学"与其说指如今理工类的"自然科学",不如说指当时正在形成的现代人文-社会科学或广义上的人文-政治教育。

四篇"观察"极富修辞色彩,风格有如古希腊的演说辞,充满"修辞性推论",依次论及神学家、史学家、哲学家[热爱智慧者]和艺术家。我们知道,自中世纪以来,基督教神学在欧洲一直占据支配地位,但自文艺复兴以来,哲学从神学手中夺取了"科学"的王位。与哲学一同崛起的还有史学,但哲学没有想到,史学会在不久的将来从自己手中夺取"科学"的领导地位。② 由此来看,四篇"观察"的论题及其顺序,实际隐含着某种思想逻辑。

---

① 朗佩特,《尼采与现时代》,李致远等译,北京:华夏出版社,2009,页301。
② 比较古奇,《十九世纪历史学与历史学家》(两卷),耿淡如译,北京:商务印书馆,2014;德拉克鲁瓦等,《19—20世纪法国史学思潮》,顾杭等译,北京:商务印书馆,2016。

普法战争与德国教育的危机

尼采恰恰出生和生长在这样的时代：史学强劲崛起，大有取代哲学之势。第一篇"观察"第一节临近结尾时，尼采写道：

> 德意志人把所有时代和所有地区的形式、颜色、产品和稀奇古怪的东西都堆放在自己周围，并由此造成了那种现代的年货市场的五彩缤纷，而他的学者们（Gelehrten）又要把这种五彩缤纷视为和描述为"现代自身"（Moderne an sich）。①

这段话里有三个关键词：德意志人－学者们－"现代自身"。如果德意志人与学者们的关系是受教育者与教育者的关系，那么我们就有理由说，尼采的"不合时宜的观察"的基本主题是德国的教育问题。

1871年元月，普鲁士军轻松击败法兰西第二帝国军队，普鲁士国王威廉一世在凡尔赛宫镜厅举行德意志帝国皇帝登基仪式，德意志人无不欢呼雀跃。尼采的第一篇"不合时宜的观察"一开始就发出警告：这场"巨大的胜利"对德意志人来说是"一种巨大的危险"（《观察》，页31－37）。因为，

---

① 尼采，《不合时宜的沉思》，李秋零译，上海：华东师范大学出版社，2007，页36（以下简称《观察》，随文注页码）。凡有改动，依据《尼采全集》德文版第一卷，参考杨恒达等译，《尼采全集》第一卷，北京：中国人民大学出版社，2013。

德意志人富起来和强起来这一有目共睹的现实让人看不到德国的教育正在经历彻底失败。更要命的是,新生的德国人并没有意识到,德国教育的失败最终会断送德意志人的强起来。

自拿破仑战败之后,普鲁士王国的教育事业搞得风生水起、有声有色,无论自然科学、社会科学还是人文科学领域,好些新兴学科都在欧洲引领潮流,史学就是显著的例子。① 尼采的"不合时宜"之见的矛头明显针对德国人文教育的史学化趋向:"德国人把所有时代和所有地区的形式、颜色、产品和稀奇古怪的东西都堆放在自己周围"云云,就是在痛斥德国史学界。第一篇"观察"挞伐的大卫·施特劳斯(1808—1874)虽然是个神学家,但他的《耶稣传:考据式作法》(*Das Leben Jesu, kritischbearbeitet*)却是以"史学方式"把神性的耶稣还原为历史的耶稣。②

普鲁士"拥有水平高得多的初等教育和技术教育、举世无双的大学和学术机构、化学实验室和研究机构",现代化教育如此发达,明显已经领先欧洲各大国。③ 在我们看来,这是德国迈入现代化先进行列的标志,为何在尼采看来却意味着德国教育正在经历彻底失败呢?

因为尼采看到,史学在国家的人文教育中夺取了法官地位,无异于知识领域的一场民主化革命。学者们纷纷膜拜史

---

① 比较基扬,《近代德国及其历史学家》,黄艳红译,北京:北京大学出版社,2010。

② 大卫·施特劳斯,《耶稣传》(两卷),吴永泉译,北京:商务印书馆,1981/1996。

③ 保罗·肯尼迪,《大国的兴衰》,蒋葆英等译,北京:中国经济出版社,1989,页235-236。

学的所谓"客观性",不明就里地模仿所谓"史学方法",屈从于形形色色的史学原则,却没有意识到这不过意味着学人心性的沦落。

尼采终其一生都在与这种学人心性的民主化搏斗。①在他完全病倒之前发表的最后的作品之一《善恶的彼岸》(1888)中,我们可以读到这样一段让人触目心惊的话:

> 如今,科学和哲学之间的地位不知不觉地发生了改变,显得那么理所当然。[……]科学家的独立宣言,科学家摆脱哲学后获得解放,这是民主的本性及其胡作非为(des demokratischen Wesens und Unwesens)更为精致的作用之一:学者的自我美化和自我抬举在当下遍地开花,春风得意——但并不等于说,自夸在这种情况下就散发着诱人的芬芳。
>
> 群氓男性的本能(der pöbelmännische Instinkt)在此也想要"摆脱所有主子!"[……]科学抗拒神学并获得了无比辉煌的战果,科学多少年来一直是神学的"婢女",现在却得意忘形、失去理智,一心要为哲学定规矩,并自个儿扮演一回"主子",也就是充当——我怎么说来着! ——热爱智慧者。②

这段话出现在《善恶的彼岸》第六章"我们学者们"的开篇第一则格言(编号204),它为我们清楚地揭示了尼采不到

---

① 参见娄林,《尼采论学者与民主政制》,见《古典学研究》(第三辑),上海:华东师范大学出版社,2019,页1-13。
② 尼采,《善恶的彼岸》,魏育青、黄一蕾、姚铁励译,上海:华东师范大学出版社,2016,页147-148(译文略有改动)。

三十岁时在《不合时宜的观察》中所表达的敏锐直觉。

在十八世纪,"科学"和"哲学"还不是两个分庭抗礼的名称,科学属于哲学。现在,科学从哲学中分化出来宣告"独立",纷纷自立门户。这里的"科学"不仅指自然科学,更多指如今的人文－社会科学。否则,我们很难理解尼采为何说,"科学家摆脱哲学后获得解放,这是民主的本性及其胡作非为更为精致的作用之一"。我们若明智的话就应该进一步问:"民主的本性及其胡作非为"又是怎么来的呢? 离了大学甚至中学教育,后现代式的"群氓男性的本能"会有如被注射了激素般茁壮生长吗?

黑格尔的《世界历史哲学讲课录》是热爱智慧者对史学的挑战做出的强烈反应,但随即遭遇史学家反弹。可以说,尼采的四篇"观察"是继黑格尔之后从热爱智慧者立场对史学的挑战做出的更为强烈的反应:前两篇"观察"明显带有批判性,第三篇颂扬热爱智慧者叔本华(1788—1860),第四篇颂扬具有"意志哲学"精神的艺术家瓦格纳(1813—1883),由此才引出"肃剧诞生于音乐精神"的论题。

在《善恶的彼岸》的上引格言中,尼采接下来还说:

> 年轻学者趾高气扬,对哲学不屑一顾,但在他们的这一行为背后,其实是某位热爱智慧者自身造成的恶劣影响,尽管大家基本上决定不再对他言听计从,却并未从他唾弃别的热爱智慧者这一怪圈中走出来:——结果就是对所有哲学的一概否定。(在我看来,比如,叔本华对当今德国产生的影响就是如此。他把一股无名火浇在黑格尔头上,使得近来整整一代德国人与德国文化完全决裂,而这种文化是殚精竭虑修炼而成的,具有历史

意义的高度和前瞻之美[……]。)

从大的方面来看,或许主要是人性的、太人性的东西,简而言之是新一代热爱智慧者自身的贫乏,最彻底地破坏了对哲学的敬畏,为群氓本能打开了大门。不得不承认,我们的现代世界在何等程度上背离了包括赫拉克利特、柏拉图、恩培多克勒在内的所有庄严辉煌的精神隐士的行为方式[……]。(《善恶的彼岸》,前揭,页148-150)

什么是"人性的、太人性的"东西？说来我们自己也不免会感到惊悚:尼采指的是现代人文主义教育所传授的东西。由于我们无不是这种教育培育出来的"学人们",我们才认识不到自己身上有太多"人性的、太人性的"东西。

这里出现的"我们的现代世界"这个表达式与第一篇《观察》中的"现代自身"一脉相承。对比早期作品《不合时宜的观察》和晚期作品《善恶的彼岸》,我们不难发现两者都关注"学人们"与"现代自身"的关系。现代学人不是热爱智慧者,而是"科学和哲学之间的地位不知不觉地发生了改变"的结果。如果现代文明意味着"为群氓本能打开了大门",那么,"我们学人们"就是"群氓男性本能"的养育者——如此论断难道不让人感到惊悚？

在第一篇"不合时宜的观察"中,尼采开宗明义提出的问题即"我们学人们"自身的问题:"有教养的市侩"(Bildungsphilister)或"有学识的市侩"(der gebildete Philister)的诞生得归功于现代式的人文主义教育。恰恰在这个文脉中,尼采对时代所崇拜的史学提出了指控:

正是这些惬意的人,为了保障自己的安宁这个目的而对历史施暴,试图把一切有可能干扰惬意的科学,尤其哲学和古典语文学都转化为史学。凭借历史感,他们在热情面前拯救了自己,因为,史学并不像歌德也会误以为的那样再产生热情,毋宁说,恰恰麻木不仁才是如今这些非哲学的欣赏者们试图历史地把握一切时的目标,对这些人来说 nil admirari[没有任何值得赞叹的东西](贺拉斯句)。(《观察》,页43,译文略有改动)

把哲学和古典学转化成社会科学化的史学不正是十九世纪以来新古典学或新人文主义的取向吗?① 直到今天,我们还在朝这个方向努力迈进。

《善恶的彼岸》论"我们学者们"的开篇格言最后写道:

> 在今天,科学蒸蒸日上,脸上写满了问心无愧的良知;与之相比,现代哲学整体上江河日下,今天残留的那一部分不说引起讥讽和同情,那也至少是令人怀疑和不悦。只剩下"认识论"的哲学,确确实实沦为一种怯懦的存疑论和放弃说:一种不跨出门槛半步,尴尬地拒绝进入的哲学——这是苟延残喘的哲学,意味着终点和痛苦,只能让人怜惜。这样一种哲学怎么能——施行统治!(《善恶的彼岸》,前揭,页151)

如果我们把这里的"科学"一词理解为"史学",那么,这段结束语的含义会更为明晰。毕竟,后现代的史学家们无不

---

① 比较莫米利亚诺,《十九世纪古典学的新路径》,见刘小枫编,《古典学与现代性》,陈念君、丰卫平译,北京:华夏出版社,2015,页1-95。

觉得自己的"脸上写满了问心无愧的良知"。奇妙的是,我们学界的古代史"学者们"也觉得自己的"脸上写满了问心无愧的良知",自认为有"独立之精神,自由之人格"。如尼采所看到的那样,新派古史学家们以"尴尬地拒绝进入哲学"为荣,除了只会在古史研究中尖起眼睛看专制要素和在现实中不与任何政体合作——群氓式的自由民主政体除外,他们并不知道何为"独立之精神,自由之人格"。

据笺注家说,尼采是在指控兰克(1795—1886)和蒙森(1817—1903)这两位德意志的史学泰斗——恐怕未必如此。必须注意到:四篇"不合时宜的观察"有三篇的标题都明确指向一位人物(大卫·施特劳斯、叔本华、瓦格纳),唯有第二篇《论史学对生命的利弊》的标题没有出现人物——这是为什么?难道是偶然吗?

"人文主义的巴塞尔"与教育家布克哈特

在尼采的写作生涯中,第二篇"观察"的地位非常特别,甚至比《悲剧的诞生》更为重要,因为它与《人性的,太人性的》《快乐的科学》尤其《扎拉图斯特拉如是说》有更为直接的连带关系,尽管应该如何看待这种关系,思想史家们的看法并不相同。①

---

① 朗佩特,《尼采与现时代》,前揭,页301以下;比较洛维特,《尼采》,刘心丹译,北京:中国华侨出版社,2019,页204-225;施特劳斯,《尼采如何克服历史主义》,马勇译,上海:华东师范大学出版社,2019,页27。

在笔者看来,第二篇"观察"的标题其实也指向了一个学界人物,即著名的史学家布克哈特(1818—1897)。标题中没有明言,仅仅因为尼采与这位学界前辈的关系特别。倘若如此,我们首先得了解尼采与布克哈特的关系,才可能更好地理解第二篇"观察"。

青年尼采来到巴塞尔时,这座源于古罗马帝国东北边疆要塞的古老名城已经有两位德意志"文化名人",他们都出生于巴塞尔望族:巴霍芬(1815—1887)和布克哈特。尼采来到巴塞尔后,很快就与巴霍芬和布克哈特熟络起来:他不仅是巴霍芬家中的常客,还经常与布克哈特露天喝咖啡聊天——二十六岁的尼采觉得,这是自己最为幸福的时光。他在给朋友的信中这样写道:

> 我和布克哈特度过了一些美妙的日子,我们之间有过多次关于古希腊的讨论。从这个角度出发,我相信现在可以在巴塞尔学到一些东西。①

尼采到巴塞尔一年后,年轻的神学家欧维贝克(1837—1905)也从莱比锡来到巴塞尔,他比尼采年长七岁,受聘为巴塞尔大学《新约》神学和教义史教授。两人很快成为知心朋友,共租一栋楼房做了五年邻居,直到欧维贝克在 1875 年成婚搬出。

这三位人物后来都成了欧洲后现代思想史上的大名人,无巧不成书:他们都与新兴的史学有关。布克哈特不用说

---

① 转引自洛维特,《雅各布·布克哈特》,楚人译,北京:商务印书馆,2013,页 38;比较 John R. Hinde, *Jacob Burckhardt and the Crisis of Modernity*, McGill - Queen's University Press, 2000, 页 202 - 203。

了,他是史学科班出身,兰克的亲炙弟子。巴霍芬同样是史学科班出身,早年先后在德意志学界的史学重镇柏林大学和哥廷根大学研究古代史,尽管他最终在巴塞尔大学以《论古罗马的公民法》(*De Romanorum iudiciis civilibus*,1838)获得博士学位。

博士毕业后,巴霍芬游学巴黎和伦敦,二十六岁那年(1841)获得巴塞尔大学罗马法讲师教席。三年后,巴霍芬放弃了教职,出任巴塞尔法院刑事庭法官和巴塞尔州大议会议员。但没过多久,他又放弃政务做起了游手好闲式的古史研究,以《母权论:古代世界母权制的宗教和法权性质研究》(1861)一举闻名学坛,史称人类学史学和宗教人类学的开拓者。①

欧维贝克是新兴的"历史神学"代表人物鲍威尔(F. C. Baur,1792—1860)的传人,按理说与尼采并不对路子,两人却相处不错。尽管欧维贝克的成名作《我们当今神学的基督品质》(1873)抨击了大卫·施特劳斯试图建构"现代式神学"的企图,以至于被时人与尼采的第一篇"观察"并称为"双胞胎范本"(Zwillings – Exemplar),其学问路数毕竟是神学的史学化。②

---

① 巴霍芬,《母权论》(节译本),孜子译,北京:生活·读书·新知三联书店,2019;比较 P. Davies, *Myth, Matriarchy and Modernity:Johann Jakob Bachofen in German Culture 1860 - 1945*, Berlin:De Gruyter, 2010。

② 洛维特,《从黑格尔到尼采》,李秋零译,北京:生活·读书·新知三联书店,2006,页505 – 520; N. Peter, *Im Schatten der Modernität. Franz Overbecks Wegzur „Christlichkeit unserer heutigenTheologie"*, Stuttgart:J. B. Metzler, 1992; M. D. Henry, *Franz Overbeck:Theologian? Religion and History in the Thought of Franz Overbeck*, Berlin:De Gruyter, 1995。

早在二十世纪初,尼采与欧维贝克的友谊就成了学术话题,两人的思想关系始终让人觉得是怪事一桩。[1] 不过,与尼采和布克哈特的友谊相比,这个话题的思想史含义就显得不那么重要了。

巴塞尔是尼采思想的发祥地,他在这里居住了十年之久。1879年5月,尼采离开巴塞尔开始自己的漫游生涯时曾给欧维贝克写信说,巴塞尔是他"所有疾病的令人不快的滋生地"。[2] 尽管如此,尼采一生都没有忘记,正是在巴塞尔,他遇到了让自己终生难忘的布克哈特。在晚年(1888)的《偶像的黄昏》中,尼采一如既往地猛烈攻击德国教育,但两次以赞誉口吻提及布克哈特,并向他致以崇高敬意,其中一次是这样说的:

> 在德国,整个高等教育事业已经失去了最重要的东西:目的以及达到目的的手段。教育,教养是目的自身——而不是"帝国",为了这个目的需要教育家——不是文理中学教师和大学学者,可人们忘了这点……急需那种自我培育而成的教育家,深思熟虑的,高贵的思想家,他们时刻表现出,通过言辞和沉默,表现出成熟的,

---

[1] K. Meyer/B. von Reibnitz 编, *Friedrich Nietzsche/Franz und Ida Overbeck: Briefwechsel*, Stuttgart: J. B. Metzler, 1999; A. Urs Sommer, *Der Geist der Historie und das Ende des Christentums. Zur „Waffengenossenschaft" von Friedrich Nietzsche und Franz Overbeck*, Berlin: De Gruyter, 1997; H. -P. Eberlein, *Flamme bin ich sicherlich! Friedrich Nietzsche, Franz Overbeck und ihre Freunde*, Köln: Schmidt von Schwind, 1999.

[2] 转引自戈斯曼,《欧维贝克和巴霍芬的反现代论:十九世纪巴塞尔的反现代论:反神学和反语文学》,见刘小枫编,《古典学与现代性》,前揭,页149。

甜美的文化,——不是文理中学和大学今天作为"高级保姆"展示给青年人的博学的粗汉。缺少教育家,除了例外中的例外,这个教育的首要前提:因此有了德国文化的没落。最最稀罕的例外之一,是我在巴塞尔的值得尊敬的朋友布克哈特:巴塞尔在人文主义方面的优先地位首先要归功于他。德国"高等学校"事实上做到的,是一种残忍的训练,为了以最少量的时间支出,让大批青年男子能被使用,能被利用于服务国家。①

尼采在这里对布克哈特的溢美之词显得有些诡异,因为,他痛斥如今的教育者大多是"高级保姆"(我们俗称"阿姨")。尼采说布克哈特是"最最稀罕的例外之一",理由是"巴塞尔在人文主义方面的优先地位首先要归功于他"。但在尼采那里,"人文主义"这个语词未必都是褒义,毕竟,古典的和现代的人文主义不是一回事。在尼采看来,现代式的人文主义教育是"高级保姆",布克哈特难道不是其中的一员?

布克哈特是瑞士人的骄傲,如今面值千元的瑞士法郎票面印有布克哈特的头像。要认识布克哈特,还得先了解巴塞尔城带有的"人文主义"象征。

巴塞尔是欧洲的古老城市之一,地处中欧南部连接西欧、南欧与东欧重要交通线的三角地带(Dreiländerecke,如今的瑞士地区),莱茵河穿城而过。上古时期的巴塞尔原住民是凯尔特人的海尔维第部落和雷托部落,罗马帝国扩张时,巴塞尔成了帝国东部驻军抵御日耳曼人的重要边塞之一。

---

① 尼采,《偶像的黄昏》("德国人失去了什么",5),卫茂平译,上海:华东师范大学出版社,2007,页104-105。

公元259年,日耳曼人的勃艮第部落联盟和阿勒曼尼部落联盟渡过莱茵河,首次攻击罗马帝国的东北部防线。401年,帝国军队撤出阿尔卑斯山以北地区,巴塞尔随即成了勃艮第人的辖地。

公元536年,法兰克王国征服勃艮第人,将巴塞尔所在的整个三角地带并入辖地。但在查理大帝驾崩(814年)之后,根据瓜分法兰克王国的《凡尔登条约》(843年),这个地区又成了三个法兰克王国之间的破碎地带,分属中法兰克王国和东法兰克王国。

1033年,神圣罗马帝国皇帝康拉德二世夺取巴塞尔,使之成为帝国属地长达300年之久。然而,由于帝国皇权相当疲弱,巴塞尔城所处的这个三角地带东南部出现了自治公社式的政治单位。1291年8月,趁神圣罗马帝国出现"大空位"之机,这个地区的三个"有皇室土地承租人地位的农民公社"(乌里、施维茨和下瓦尔登)秘密结成同盟,宣布脱离帝国的支配。①

接下来当然是战争。1315年,同盟军队在莫尔加藤战役击败哈布斯堡王朝的军队。在随后四十年里,卢塞恩、苏黎世、伯尔尼等城镇相继加入同盟。哈布斯堡王朝并没有因此撒手,1499年,同盟军队在施瓦本鏖战再次击败帝国军队,终于获得帝国对其独立地位的认可。在这场战役中,同盟以施维茨镇人(Schwyzer – Switzer – Schwiizer,来自阿勒曼尼语)这个名称称呼自己,并常与"邦联"(Eidgenossen)一词搭配,便有了"瑞士同盟"之称。两年后(1501),巴塞尔城加

---

① 沃格林,《政治观念史(卷三):晚期中世纪》,段保良译,上海:华东师范大学出版社,2019,页256–257。

入瑞士同盟。

瑞士同盟并非不想扩张,但在1515年的马里格拉诺战役中,由于法兰西王国和威尼斯城邦联手夹击,瑞士同盟遭遇惨败,从此宣布奉行中立政策。随之而来的宗教改革运动又让瑞士同盟陷入内在分裂,著名的茨温利(1484—1531)在苏黎世确立了基督教新教的优势地位(1523),而这位路德的同道则在宗教性的武力冲突中战死(1531)。

德意志三十年战争之后的《威斯特伐利亚和约》(1648)正式确认,瑞士同盟为独立的主权国家。显然,帝国瓦解是这个三角地带得以自立为国的根本原因。拿破仑执掌法兰西王国后挥军扫荡欧洲,轻易夺取瑞士,将其改为附属于法兰西的"海尔维第共和国"(1798)。拿破仑在东线战败后,瑞士同盟趁机将法军驱除出境,恢复联邦制,并扩张到19个州(1803)。十二年后,维也纳会议(1815)正式确认瑞士为永久中立国。

从《凡尔登条约》(843)到《威斯特伐利亚和约》(1648)再到《维也纳条约》(1815),年逾千年的欧洲政治史表明,瑞士联邦作为城市结盟的政治单位得以形成和生长,不过是基督教欧洲地缘冲突的结果。用英年早逝的施泰丁(1903—1938)的话来说,瑞士同盟凭靠地缘优势"获得了在某些特殊势力的缝隙间滑动或游走的能力",由此形成了一种非政治的中立性文化品格:巴塞尔城是其象征,而布克哈特则是其典型代表。①

---

① C. Steding, *Das Reich und die Krankheit der europaischen Kultur*, Hamburg: Hanseatische Verlagsanstalt, 1939/1942, S. 42 – 43. 比较施米特,《评施泰丁〈帝国与欧洲文化病〉》,见施米特,《论断与概念》,朱雁冰译,上海:上海人民出版社,2006,页281 – 304。

由于其特殊的地缘位置和政治经历,巴塞尔城同时对两个地区的风气开放:来自阿尔卑斯山南麓的意大利文艺复兴风气和来自西欧的新政治风气。在加入瑞士同盟之前,巴塞尔城因解决西方基督教"大分裂"(1378—1417)的第四次大公会议(1431—1449)在此召开而闻名史载:"巴塞尔会议时代呈现出一副与以往不同的面貌","一个基督教人文主义者团体主导了思想界"。①但是,巴塞尔城获得"人文主义城市"的美名,既非因为茨温利,也非因为有现代医学之父美誉的巴塞尔人帕拉克尔苏斯(1493—1541),而是因为出生于荷兰的著名学人伊拉斯谟(1466—1536)晚年生活在巴塞尔。②他的随笔作品《愚人颂》(1511)——尤其《论基督君主的教育》(1516)十分著名,被如今的文化史奉为现代人文主义经典作品。但在政治思想史家沃格林看来,伊拉斯谟的作品堪称近代欧洲激进思想之源,对欧洲知识人心灵的毒害极大:

> 伊拉斯谟把自己锁闭在人文主义知识分子的立场上,他将存在于历史之中的社会现实化约成一对反题:一方是作为秩序之原则的理性禁欲主义,另一方则是作为失序之原则的"粗人"毫无价值的欲望。其讨巧和令人安心的结论便是:如果所有人(至少所有统治者)都能像伊拉斯谟一样,便可以万事大吉、天下太平。人民的

---

① 沃格林,《政治观念史(卷三):晚期中世纪》,前揭,页281-283。
② 参见赫伊津哈,《伊拉斯谟传:伊拉斯谟与宗教改革》,何道宽译,桂林:广西师范大学出版社,2008,页153-159;比较斯蒂芬·茨威格,《鹿特丹的伊拉斯谟:辉煌与悲情》,舒昌善译,北京:生活·读书·新知三联书店,2016。

实际生活、民族实存的种种哀婉、颇为成疑的文明成果、传统的价值、智识生活的重要性及其在历史中的规训——在伊拉斯谟的政治图景之中,所有这些因素都无从找到。此世只有唯一的荣耀:禁欲主义的知识分子和君王秉持禁欲精神善加治理受托于人民的权力。在这一梦想的轴心,我们可以发现邪恶不在别处,恰恰存在于伊拉斯谟政治观念所处理的主题——权力之欲望——之中,并以知识分子贪婪狂的形式出现。[1]

由此可以理解,巴塞尔既有"人文主义城市"的美名,又以资本主义商业化先驱闻名于世。因此,戈斯曼提出了这样一个政治史学问题:十九世纪的巴塞尔的商业经济在欧洲处于领先地位,颇有竞争力,但社会观念保守、政治上软弱无力,这样一个城市为何在十九世纪后期成了一批富有创新性和挑战性的思想者的家园或避难所,并因此而孵化出种种新鲜而令人不安的思想。[2]

这个史学论题未必周全,因为,尼采并未把巴塞尔视为家园或避难所,相反,他难以在巴塞尔安居,住了十年终于出走(1879)。欧维贝克初来乍到时,也仅把巴塞尔视为过渡之地,因为巴塞尔大学不是什么欧洲名校,往往被年轻学人视为伺机转往德意志名校任教的"跳板"。他在这个城市留下来直到善终,纯属个人生活的偶然际遇使然:没想到自己会

---

[1] 沃格林,《政治观念史(卷四):文艺复兴与宗教改革》,孔新峰译,上海:华东师范大学出版社,页141-142。比较伊拉斯谟,《愚人颂》,许崇信、李寅译,南京:译林出版社,2010;伊拉斯谟,《论基督君主的教育》,李康译,上海:上海人民出版社,2003。

[2] 戈斯曼,《欧维贝克和巴霍芬的反现代论》,前揭,页97。

娶巴塞尔女郎为妻。

巴霍芬是地道的巴塞尔人,但他游历甚广、博览群书,随着年龄的增长,他越来越与巴塞尔社会隔绝,因为他觉得巴塞尔越来越向"无聊的工厂城市"(Fabrikstadt)迈进。既然巴霍芬宣称自己生活在巴塞尔从未觉得很惬意,我们就不能说巴塞尔是这位富有创新性和挑战性的学人的思想家园。

若要说巴塞尔与思想史问题有实质性关系,唯一的例子应该是布克哈特。在戈斯曼所说的十九世纪后期最富创新性和挑战性的一批思想者中,唯有布克哈特与巴塞尔这个城邦政体有紧密联系。① 布克哈特不仅出生于巴塞尔望族,而且把巴塞尔视为古老的古典主义城市政体。兰克去世后,柏林大学邀请布克哈特接替这个史学祭酒的教席,他却不愿离开巴塞尔,尽管他喜欢嘲弄自己的市民同胞的生活观太过偏狭。

作为巴塞尔的文化名人,布克哈特并没有过"隐居式"生活,他高度重视巴塞尔的市民教育,经常为市民办学术讲座。② 布克哈特承认,他所生活的时代"带有很多阴暗面",尽管如此,这个时代仍有优点,特别是其"巨大的接受新鲜事物的能力"和对大量不同文化和艺术风格的开放心态。③ 在布克哈特看来,十九世纪史无前例地有利于艺术史作为一门学科的发展。正是在瑞士尤其巴塞尔这个"家园",布克哈特

---

① 详参 L. Gossman, *Basel in the Age of Burckhardt. A Study in Unreasonable Ideas*, University of Chigago Press, 2000。

② John R. Hinde, *Jacob Burckhardt and the Crisis of Modernity*, 前揭, 页113-130。

③ 戈斯曼,《欧维贝克和巴霍芬的反现代论》, 前揭, 页139。

开创了"文化史"这个史学类型,扭转了兰克的政治史学取向。①

尼采对布克哈特的劝诫

二十五岁的尼采来到巴塞尔开始了自己的思想生涯,他不仅在大学授课,还需要在巴塞尔的人文中学给高年级开课。当时的巴塞尔大学规模很小,1870年注册的学生仅116人,远不如今天的大学一个系的规模,想必教授人数也不会很多。② 尼采到巴塞尔后,很快与布克哈特成了好友——某种意义上说也算学生,毕竟布克哈特年长尼采二十六岁。这对尼采的思想成长有什么特别的意义吗?

尼采到巴塞尔之前(1868)的冬季学期,布克哈特已经开过一次史学研究导论(每周一小时)。为了开这门课,布克哈特做了十多年准备,至1872年共讲了三次(每次一个学期)。尼采怀着崇敬的心情听了布克哈特在1870/1871冬季学期的"关于史学研究"的导论课,以及在此期间他为巴塞尔市民举办的两场专题讲座:"历史上的伟人"和"世界历史上的幸

---

① 吉尔伯特,《历史学:政治还是文化——对兰克和布克哈特的反思》,刘耀春译,北京:北京大学出版社,2012,页53-91;比较伯克,《什么是文化史》,蔡玉辉译,北京:北京大学出版社,2009,页7-16;J. R. Hinde, *Jacob Burckhardt and the Crisis of Modernity*,前揭,页167-198;R. Sigurdson, *Jacob Burckhardt's Social and Political Thought*, University of Toronto Press,2004,页59-86。

② 施特格迈尔,《尼采引论》,田立年译,北京:华夏出版社,2016,页9。

运与不幸"。要说在那个时代"'历史意识'挤掉了哲学的主导地位,史学教育和自然科学一道成了最宝贵的文化财富",那么,布克哈特算得上一个标志性旗手。①

布克哈特的讲课稿和两次讲座的演讲稿在他身前没有整理成书,由他的侄子欧厄瑞(Jacob Oeri)在他去世八年后整理出版(1905,英译本首版1943),名为《世界历史的观察》。② 这个书名尽管不是出自布克哈特本人,但未必违背布克哈特的史观。因为,书名中的 Betrachtung 一词的本义是"观察",书中大量出现这个语词,中译本多译作"沉思",未必与布克哈特自己强调的 Wahrnehmungen[感知]相符。

尼采的"不合时宜的"Beobachtung[观察]很可能与布克哈特的用法相关,但其含义则很可能与布克哈特相反。因为,对于热爱智慧者来说,这个语词的含义不仅指视觉观察,也指智性静观,即希腊语的 θεωρέω[看]。

> 这个希腊语词的原初含义是,作为派去求神谕的使节,去献某种祭品,作为在节日中的献祭:去看、去注视、去检审、沉思、考虑、比较……,亦即该词的原初意义根本不允许把理论从观察中区分开来;它宁可排除理论;它肯定不会证明,理论与一种本质上是假设的知识相等同或几乎等同。③

---

① 施奈德尔巴赫,《黑格尔以后的历史哲学:历史主义问题》,励洁丹译,杭州:浙江大学出版社,2014,页36-37。
② 布克哈特,《世界历史沉思录》,金寿福译,北京:北京大学出版社,2007。
③ 施特劳斯,《我们能够从政治理论中学到什么》,施特劳斯,《苏格拉底问题与现代性》(增订本),刘小枫编,刘振、彭磊译,北京:华夏出版社,2016,页120。

如果"理论"的原初含义是观察式的智性思考,那么,布克哈特恰恰要从观察中排除智性思考——现代史学正是以此为基本取向。相反,尼采则明显要在史学大潮中竭尽全力挽救智性思考。

尼采比布克哈特年轻一辈,但他成名远比布克哈特要早。人们很早就注意到,尼采多次公开称赞布克哈特,不断给他写信,出版新著都会寄给布克哈特,似乎两人是志同道合的朋友。1930年,史学家韦斯特法尔(1891—1950)在其《俾斯麦的敌人》一书中谈到尼采与布克哈特时,就将两人视为同道;年轻的思想史学者索厄普斯(1909—1980)在1936年出版的《时代转折点上的著名人物》同样如此。[1] 上文提到的施泰丁的名作《帝国与欧洲文化病》中也将布克哈特和尼采视为一路人,完全没有注意到两者的根本区别。

这也情有可原,因为,布克哈特的《全集》自1929年才开始陆续出版(1929—1934)。随着布克哈特书信和尼采书信的陆续刊布,人们才逐渐意识到,其实布克哈特对尼采非常冷淡,而且刻意远离尼采。自此以来,尼采与布克哈特的关系就成了德语学界的一个具有思想史意义的话题。

1936年,洛维特出版了一本小书《布克哈特:历史中的人》,其中有一章专门讨论尼采与布克哈特的差异。[2] 萨灵(1892—1974)在1938年出版的《布克哈特与尼采》是第一部详细讨论两人关系的专著,紧接着又有马丁的《尼采与布

---

[1] Otto Westphal, *Feinde Bismarcks. Geistige Grundlagen der deutschen Opposition* 1848 - 1918, München: Verlag von R. Oldenbourg, 1930; H. - J. Schoeps, *Gestalten an der Zeitwende*, München: Haude & Spener, 1936/1948.

[2] 洛维特,《雅各布·布克哈特》,前揭,页36-76。

克哈特》。①

马丁的观点具有代表性,他认为,从两人的书信来看,尼采明显对布克哈特十分热情,而布克哈特对尼采却明显冷淡和自矜。若要说尼采与布克哈特之间有亲密的友谊,那也不过是尼采的"一厢情愿"。尽管如此,两人的思想分歧可以说再尖锐不过了。②

用"一厢情愿"来解释尼采与布克哈特的关系,未必恰当。在鞭挞"有教养的市侩"的第一篇《观察》中,尼采引用过布克哈特的一段话,这的确显示出尼采对布克哈特的友好甚至钦佩,但布克哈特在收到尼采的赠书和附信后回信说:

> 您的友好的引文[……]令我担心。我在看信时逐渐明白了,这幅画像最终不完全是我的,被画者倒有些像施纳塞。我现在希望远离他人。③

布克哈特对尼采的态度的确冷淡。问题在于:为什么冷淡?原因肯定是尼采在第一篇《观察》的结尾抨击了新兴的"历史意识"及其对史学这门现代学科的崇拜。④

第二篇"观察"即《论史学对生活的利弊》其实是尼采对布克哈特的劝诫,这解释了为何四篇"观察"的标题唯有这篇没有出现人物名字。正因为如此,布克哈特在收到赠书后礼

---

① Edgar Salin, *Jacob Burkhardt und Nietzsche*, Berlin: De Gruyter, 1938/1948; Alfred von Martin, *Nietzsche und Jacob Burkhardt*, Berlin: De Gruyter, 1940/1941/1947.
② 马丁,《尼采与布克哈特》,黄明嘉、史敏岳译,上海:华东师范大学出版社,2019,页8。
③ 转引自洛维特,《雅各布·布克哈特》,前揭,页36。
④ 洛维特,《尼采》,前揭,页221。

貌性地回信表示感谢时,以优雅的言辞拒绝尼采的劝诫:

> 我对此原本没有说话权利,因为这部作品需要仔细地和慢慢地品赏。仅仅事实一项就与我们的人如此密切相关,使大家都试图立即说些什么。①

《论史学对生活的利弊》谈论史学的根本问题,布克哈特是史学教师,他怎么能说自己"对此原本没有说话权利"? 显然是不同意尼采的"观察",尽管他承认这篇文章"内容极其丰富"。

布克哈特的冷淡反应让尼采感到失望,他在给欧维贝克的信中说:

> 布克哈特的信[……]让我苦恼,虽然他在我看来最优秀。我现在对什么感兴趣? 我希望听到他说,这是我的困境[……]。(同上,页46)

所谓"我的困境"指布克哈特的困境:尼采何其期盼布克哈特意识到自己的史学意识的"困境"。毕竟,尼采钦佩布克哈特的广博学识、敏锐感觉,尤其是他的高贵心性,何况,两人还有相同的业余爱好:"作曲和写诗,热衷于叔本华。"②洛维特对这封信的评语可谓切中肯綮:

> 但[尼采的]这个希望一定不会实现,因为布克哈特把历史占为己有,并从中找到一些"令人幸运"的东西,

---

① 转引自洛维特,《雅各布·布克哈特》,前揭,页41。
② 施特格迈尔,《尼采引论》,前揭,页11。

所以恰好没有困境的束缚。①

尼采因病(而非如坊间迄今误传因维拉莫维茨抨击《悲剧的诞生》)放弃教职离开巴塞尔之后不久,他写下了《快乐的科学》(1882),其中有一段话说:属于伟人的品质首先是承受巨大痛苦的"力量和意志",因为能够忍受是起码的心性品质(格言325)。这话针对的是尼采在十多年前"津津有味"地听过的布克哈特的那场题为"历史中的伟人"的著名演讲。尼采对布克哈特的感情依旧,但劝诫之心也没有磨灭,因为,这一说法与布克哈特关于"历史伟人"的说法截然对立。

布克哈特在收到尼采的赠书后写信给尼采说:"您在第325段中透露出的专制天性最好不要把我搞糊涂了。"②可见,布克哈特看出这段格言是对他说的,但他不同意尼采对人之"伟大"的见解。我们应该意识到,尼采与布克哈特的思想分歧已经不仅仅涉及史学和对历史的态度,而是更多涉及对人世政治问题的基本见识。用今天的说法,布克哈特是个保守的自由派,有点儿"右",这与他的"非政治人"天性不无关系。

布克哈特坚持自己的历史意识让尼采逐渐感到,他的劝诫不会有结果。当《扎拉图斯特拉如是说》写成时,尼采预感到这本书会让布克哈特不舒服,而他对此却有了喜滋滋的感觉:刺痛布克哈特让他感到愉快。当然,这完全不是恶意,毋宁说,这是一种情谊感的体现。完成《扎拉图斯特拉如是说》

---

① 洛维特,《雅各布·布克哈特》,前揭,页46。
② 转引自洛维特,《雅各布·布克哈特》,前揭,页44。

第二部分后,尼采曾到巴塞尔暂住,在此期间,他给挚友加斯特写信(1884年7月25日)说:

> 我看到一个最滑稽的事情,就是布克哈特在必须对我说一些关于《扎拉图斯特拉如是说》的话时的狼狈相。除了"能否让我不去考察这部戏的效果"外,他什么也说不出来。(转引自《雅各布·布克哈特》,页45)

尽管如此,尼采仍然不断给布克哈特寄赠自己的新作。收到《善恶的彼岸》后,布克哈特终于忍不住回信十分坦率地说:

> 很遗憾,您过高地估计了[……]我探究问题的能力,我没有能力探究您的那类问题,或许连问题的前提都弄不明白。(《雅各布·布克哈特》,页45)

布克哈特显得很谦虚,但谁都看得出来,这种谦虚是优雅的拒斥。洛维特说得对,"布克哈特从来没有哲学的头脑",他当然理解不了尼采提出问题的前提。不过,洛维特也看出来,布克哈特的言辞仅仅是显得很谦虚,其实暗含讽刺。布克哈特对尼采坚持不懈的劝诫已经难以忍受,尽管如此,他还是保持了自己的大师风度。

尼采年轻时虽然思想敏锐而且尖锐,却也满怀热情崇拜自己心仪的前辈:叔本华(1788—1860)和瓦格纳(1813—1883)都是著名的例子,布克哈特也应该算他的崇拜对象之一。[1] 但在离开巴塞尔之前(1878),尼采明确意识到自己已经在思想上成熟:

---

[1] 施特格迈尔,《尼采引论》,前揭,页11。

现在我摆脱我身上一切不属于我的,作为朋友和敌人的人,习惯,舒适,书籍;我将年复一年地生活在孤寂之中,直到有一天我作为生命热爱智慧者,(以及很可能必须)成熟和完善地与人们交往。(转引自《尼采引论》,页28)

整整十年后(1888年8月底至9月初),尼采决定发表一本小册子,题为《一个灵魂学家的闲逛》。在老友加斯特的建议下,尼采改用了更具挑战性的书名"偶像的黄昏"。在"我感谢古人什么"一节中,尼采提到了自己的思想在巴塞尔起步时的经历,并再次称颂布克哈特:

为理解那虽然古老却仍然丰盈甚至充溢而出的希腊本能,我是认真看待那种奇妙的被称之为狄俄尼索斯现象的第一人:惟有从力的过剩出发,才能解释这一现象。谁像当今在世的那位希腊文化最深刻的专家、巴塞尔的布克哈特一样探究希腊人,他就会立刻明白,这值得去做:就上面提到的现象,布克哈特给他的《古希腊文化史》添上了独立的一章。①

尼采在巴塞尔时,布克哈特已经开始讲授古希腊文化史,而且本来打算出版,但最终放弃了。②《偶像的黄昏》面

---

① 尼采,《偶像的黄昏》("我感谢古人什么",4),前揭,页186-187。
② 由布克哈特的侄子编辑出版,权威考订本:Jacob Burckhardt, *Griechischer Kulturgeschichte*, 三卷本, Rudolf Marx 编, Stuttgart: Kröner Verlag,1952。中译本依据英文节译本迻译:布克哈特,《希腊人和希腊文明》,王大庆译,上海:上海人民出版社,2008。

市后(1889),尼采照例给布克哈特寄了赠书。布克哈特在给他的出版人瑟曼(E. A. Seemann)的信(1889年11月29日)中就尼采提到他的《古希腊文化史》这样写道:

> 说我要发表一部古希腊文化史的书,这个错误的说法源自不幸的教授、博士尼采先生,而他目前住在一个疯人院里。他把我经常讲授的一门有关那个内容的课当成了一本书。①

不难看出,布克哈特的笔端已经对尼采有不屑一提的意味,而在此之前一年(1888年12月22日),尼采写信给当年在巴塞尔时的好友欧维贝克说:

> [《偶像的黄昏》]以最为恭维的方式两次提到布克哈特,他收到了第一批样书,这是 Naumann 准备留给我的。(同上)

这话表明,尼采在《偶像的黄昏》中两次称赞布克哈特不过是一种刻意"恭维"。尼采掐死了自己在二十六岁时产生的对布克哈特的崇敬,他的"恭维"无异于与布克哈特道别。

"为将来的野蛮化服务"的人文教育

洛维特还在尼采的遗稿中发现,尼采说布克哈特是个"聪明的智者",其伦理性格的特征是"内心冷静,对外谦虚,

---

① 转引自尼采,《偶像的黄昏》,前揭,页187,Pütz 注。

对'一切外'谦虚",他"因为绝望而克制自己"。① 尼采终于注意到布克哈特的个体性情,在此之前,对布克哈特的钦佩之情让他忽略了个体性情对一个学人的精神品质的决定性影响,尽管尼采上中学时就最爱读柏拉图的《会饮》。

"因为绝望而克制自己"的说法表明,尼采自己没有"绝望",他"从灵魂里涌出一本骇人的书"《善恶的彼岸》(1886),随后是一连串让人惊骇的书:《道德的谱系》(1887)、《敌基督者》(1888)、《偶像的黄昏》(1889),最终以《瞧,这个人》让世人骇然,且叹为观止。

布克哈特如何"克制自己"呢?他仅仅履行一个人文主义教育家的职责,除了在课堂上讲授文化史,不发表任何东西。但他不吝于私下与各色人通信,经常海阔天空长篇絮叨。②

"克制自己"也好,让人骇然也罢,半个世纪后,或者说自上世纪中期世界历史进入新阶段以来,尼采哲学和布克哈特的文化史风格的史学都结出了让他们意想不到甚至不愿看到的果实:尼采会认为福柯、德里达、阿甘本是他心目中"未来的热爱智慧者"吗?布克哈特会承认彼特·伯格(Peter Burke)是他开创的文化史的传人?无论人们怎样认为,尼采和布克哈特都无可争议地是当今影响广泛而且深远的教育者。

后现代的人文教育状况让如今的我们不得不想一个问

---

① 转引自洛维特,《雅各布·布克哈特》,页37。
② 布克哈特留下了1700封书信,巴塞尔的文史家历时差不多半个世纪才完成编辑(1949—1994)。2000年,考订版《全集》(共27卷)开始出版,前9卷为布克哈特身前出版过的作品,第10至26卷为讲稿、报告和书信,最后一卷为索引,书信占11卷。

题:尼采与布克哈特之间的隐匿对话的思想史意义是什么?

首先应该看到,除了学识爱好和精神品质上的趣味相投之外,尼采与布克哈特一见如故还有更为重要的政治原因,这就是对自由民主现代性的走向及其人文教育取向的深切忧虑。

> 在布克哈特那里,批评的原始起因是他亲身经历了1840年前后在德国和瑞士兴起的社会民主运动。对尼采而言,批评的起因是1870年前后的德国经济繁荣年代。文明的野蛮人、精神生活的普遍浅薄化、市民-基督教世界的解体,这些就是两人相隔30年以同样方式看到的东西。①

洛维特从1873年的尼采笔记中找出一段话来佐证自己的论断,可以看到,尼采写作《不合时宜的观察》时的首要关切的确是现代人文教育的内在品质问题:

> 到处都是教育趋向死亡的征兆,完全绝灭的征兆。宗教快速退潮、民族战争、四分五裂的科学、有教养阶层的可鄙的金钱社会和享受社会[……]我越来越清楚,学者们完全置身于这个运动中,他们越来越不思考,越来越无情谊。不管是艺术还是科学,一切都在为将来的野蛮化服务。我们应该朝什么方向看? 野蛮化的大洪水已经到了门前。由于我们原本没有抵御能力,并且大家又都在里面,所以能做什么呢? 试着警告现实尚存的力量相互联合起来,或者警告受到野蛮化威胁的阶层抓紧

---

① 洛维特,《雅各布·布克哈特》,页52。

时间制服洪水。只是,任何与学者的联盟都会被否定。(《雅各布·布克哈特》,页52)

这里所说的"大洪水"即前引《人性的,太人性的》格言204条中所说的"民主的本性及其胡作非为更为精致的作用之一":现代文明程度越高的国家做事越野蛮,人文教育程度越高,精神生活越普遍浅薄化。尼采还敏锐地看到,最大的危险在于,未受过教育的阶层会被"现时教育的渣滓"教坏。如洛维特所说,在布克哈特的课堂上也经常可以听到同样的忧心。

在写作前三篇"不合时宜的观察"时(1872),尼采应巴塞尔[业余]学术爱好者协会邀请作了题为"关于我们教育机构的未来"的系列公共演讲。[①] 洛维特告诉我们,尼采在演讲中对德国教育状况的抨击,布克哈特早在二十多年前就已经表达过了。由于是在私人书信中表达,布克哈特的言辞更为尖锐:

> 这个该诅咒的无所不包的教育[……]每隔几个星期就会为一大堆东西炮制一个兴奋模式。[……]少数没有死在那里的怪人还在忍受没有效用的疗法,他们在追求解放的过程中被充斥整个世界的谎言抬高了,被煽动起来,跳到了另一边。
>
> 现在有那么多各式各样的教育涌向每一个人,使他们自认为受过完全教育(他们要多傻,就有多傻)。过去,每个人都像埋头干活的驴子,所以世界处于和平中。

---

① 参见尼采,《论我们教育机构的未来》,见《尼采全集》第一卷,杨恒达等译,前揭,页460-535。

现在正相反,人们都觉得自己有学问,并编织了世界观,然后向他人传经布道。①

布克哈特和尼采的忧心应该让我们想起两件事情:第一,卢梭在两百多年前用《论科学和文艺》发出的警告确有先见之明;第二,与布克哈特和尼采所描述的状况相比,如今我们所追仿的人文教育模式"为将来的野蛮化服务"的水平提高了一大截。

对自由民主现代性的走向及其人文教育取向的忧心,既是尼采与布克哈特心心相印的粘合剂,也是他们的思想分歧的起点。看来,问题在于,应该对如此走向作出怎样的反应。②

马丁的观察虽然有些平泛,毕竟触及一个关键要点:布克哈特希望通过发展文化史学来提高商业化市民的艺术趣味,以此平衡低俗的现代性,尼采则拒绝向新兴知识大众妥协。马丁说,巴塞尔不仅是布克哈特与尼采偶然的邂逅之地,而且他俩与该市的关系也显示了某种象征意义。除了短时的疏忽和迷惘外,布克哈特总是从这个兼有资本主义气息和古典味道的城市获取"人文意义":虽然他周边的世界乃至他的这个故乡越来越民主化,但他始终亲密地与之共生共存。相反,尼采完全不能认真对待瑞士的"小环境",在这逼仄的环境中,他只是"孤独"地沉浸在"自己的学术"中。

担任教职对布克哈特而言是奉献,也是幸福感的源泉,但对尼采却只意味"受重视的职位",与之相连的是

---

① 转引自洛维特,《雅各布·布克哈特》,前揭,页53。
② 比较洛维特,《从黑格尔到尼采》,页404–412。

一种对他来说过于沉重的强逼,这势必导致他"最终病倒"。他有别于布克哈特,他不是服务于"永恒"价值的人文主义者,而是一味唱着"我渴望我自己……"的个人主义者。①

马丁未必理解尼采的"个人主义"的含义,以及为什么尼采要"我渴望我自己……"。洛维特注意到,尼采作"关于我们教育机构的未来"的演讲是应布克哈特的邀请,他是巴塞尔[业余]学术爱好者协会的常务理事。系列演讲原定六场,但没有善终:

> 尼采想"乐观地和满怀希望地"结束他的第六次讲座,但却没有坚持下来,这不仅仅是因为一些偶然的情况,如学期结束和生病,还因为他对教育的极端批评使他再也找不到具体的教育之路。布克哈特不是这样,他把自己讲课的要求同能否使听众感兴趣结合起来。正是那个年轻人的极端理论让布克哈特在有许多共同点的情况下还要与尼采的教育批判保持距离。②

为什么布克哈特热衷于提高巴塞尔中产阶级市民的艺术乃至学术爱好? 在布克哈特看来,思想天才总是极少数,这种人"过于强势",容易"超过一切界限":

> 天才的不幸就在于:他是孤独的,因为他在自己所属的圈内过于强势。这种人同时又是如此与众不同,以至于他缺少一切实在的王冠,即缺少平稳的形态! 他生

---

① 马丁,《尼采与布克哈特》,前揭,页26。
② 洛维特,《雅各布·布克哈特》,前揭,页50。

活在诗歌中。他可怕地走向终点,走在精炼的享受欲和更为精炼的自我痛苦之间,因此一定会有崩溃的一天[……]一言以蔽之,我想说(上帝宽恕我):宁可没有天才之人,也要有坚强的神经和坚强的良心,这样即便犯罪,也可在真情为他人服务的过程中重新修理和恢复良心。瞧,这就是我的理想。(转引自《雅各布·布克哈特》,页51)①

洛维特把这段话看作布克哈特为尼采写下的谶语,尽管当时尼采才两岁(1846)。布克哈特写下这样的话时年仅二十八岁,这不免让人惊叹:他有何其敏锐的天生直觉!除非灵魂品性使然,一个人绝无可能有这样的人世感觉。

洛维特看到,布克哈特的天性中起支配作用的是中庸、温和的性情。正是这种个体性情使得他在被危机动摇而无望的现代世界中最终选择了非政治的生活原则。我们应该知道,布克哈特并非一开始就"厌政治":二十六岁时的布克哈特曾选择了到《巴塞尔报》(*Basler Zeitung*)当编辑。由于这个迄今健在的报纸是"保守自由主义"的阵地,长达一年半的编辑生涯让布克哈特深度卷入实际政治。②

布克哈特的个体性情不仅让他决定退出实际政治,而且在做文化史"回忆"古典世界的毁灭过程时,他选择了把犬儒

---

① 关于"天才",参见狄德罗为《百科全书》(卷七,1757)撰写的"天才"词条,见狄德罗,《狄德罗美学论文选》,张冠尧、桂裕芳等译,北京:人民文学出版社,1984,页505。

② 参见 J. R. Hinde, *Jacob Burckhardt and the Crisis of Modernity*,前揭,页 88 - 112; R. Sigurdson, *Jacob Burckhardt's Social and Political Thought*,前揭,页,164 - 197。

主义和早期基督教的禁欲生活视为优先的生活可能性,让自己在内心世界中放弃启蒙时代以来的现代文明的自负和幻想。不是世界政治史,而是"第二存在"的艺术史向布克哈特开启了真正感受幸福的道路:在艺术呈现的美中,布克哈特享受到"心灵的宁静幸福"。[①]

在为巴塞尔市民举办的两场专题讲座"历史上的伟人"和"世界历史上的幸运与不幸"中,布克哈特以极其优雅的言辞风格表达了自己的"非政治人"观点。敏锐的尼采在听过布克哈特的讲座后这样写道:

> 有教养者现在首先是有史学教养:他通过其历史意识拯救自己,使自己免于崇高;市侩则通过其"随众"成功做到了这一点。因为,史学并不像歌德也会误以为的那样再产生热情,毋宁说,恰恰麻木不仁才是如今这些非哲学的欣赏者们试图历史地把握一切时的目标,对这些人来说 nil admirari[没有任何值得赞叹的东西]。[②]

这段话出自尼采打算出版的一本小册子的前言,幸好不仅当时而且后来也没有发表,否则布克哈特早就不理尼采了。布克哈特绝对不会看不出来,所谓"有教养者现在首先是有历史教养"指谁。

其实,在第一篇"观察"中尼采说过几乎同样的话(笔者在前文引用过),唯一的不同是,他在那里没有用"有教养者

[①] 洛维特,《雅各布·布克哈特》,前揭,页71。
[②] 尼采,《叔本华哲学与德国文化的关系》,见《尼采全集》第一卷,杨恒达等译,前揭,页553(译文略有改动)。

现在首先是有史学教养"这句讽语挑明谁"使自己免于崇高"。① 看来,出于对哲学负责的义务,尼采在公开发表的作品中不得不纠弹布克哈特的"随众",但出于个人感情又情不自禁地要顾及这位史学名家和他眼中的"巴塞尔第一教育家"的感受。

尼采的这篇未刊前言这样起头:

> 现在,在亲爱的卑鄙无耻的德国,教育如此潦倒在街头,对所有伟大事物的红眼病如此无耻地流行,奔向"幸福"者的普遍喧哗发出如此震耳欲聋的声响,以至于人们不得不几乎在 credo quia absurdum est[正因为荒谬,我信]这个意义上产生出一个强烈的信念:为了在此寄希望于一种生成中的文化,尤其是能效力于这样的文化,公开表明与"舆论公开的"报刊作对。(《尼采全集》第一卷,页 551–552)

布克哈特开创的"文化史学"不就是"寄希望于一种生成中的文化"吗?他没有想到,这最终很可能会导致一种精神品质"每况愈下"的文化,对这类文化人来说,没有任何高贵、美好的东西值得赞叹。尼采在文中对"非政治人"心态的批评可谓切中肯綮:他们本来是"不断为民忧虑的人",却又"不得不强行让自己摆脱"这种忧虑,以便使自己显得超然优雅(同上,页552)。布克哈特若拿这话与自己追求的"平稳形态"和"真情为他人服务"的"理想"对照,难免会觉得不舒服。

尼采没有发表这个前言,但他发表了第二篇"不合时宜的观察"——这篇"观察"的观察对象正是被尼采称为"巴塞

---

① 比较尼采,《不合时宜的沉思》,前揭,页34。

尔第一教育家"的布克哈特。出于对布克哈特的敬意甚至爱意,《论史学对生活的利弊》的修辞不仅温和而且高雅。比如,尼采写道:

> 作为最后的和自然的结果,就出现了科学普遍受欢迎的"通俗化"(还有"女性化"和"童稚化"),也就是拙劣地剪裁科学的外套来适应"混杂的公众"(des gemischten Publicums)的身体,以便我们在这里为了一种符合剪裁的活动也努力掌握一种符合剪裁的德意志风格。①

这话显得是在纠弹布克哈特热衷为巴塞尔的中产阶级市民举办学术讲座。那个时候,中学教育尚未普及,遑论大学,人文教育的"女性化"(Feminisiren)和"童稚化"(Infantisiren)尚处于初始阶段。在后现代的今天,大学教育在好些发达国家和地区已经实现普及,为了培育中产阶级的后代,人文教育的"女性化"和"童稚化"已经不得不走向专业化和制度化。因此,尼采接下来说的情形对我们来说一点儿都不陌生:

> 过去的几代学者有充分理由觉得,这样一种滥用沉重且累赘;同样有充分的理由,年轻一些的学者觉得这滥用轻松,因为他们本身除去一个极小的知识角落,自己就是非常混杂的公众,自身就承载着这个公众的需求。他们只要有机会舒适地坐下来,就能够把自己狭小的研究领域向那种混杂着通俗需求的好奇心开放。对于这种舒适行为来说,人们后来要求使用"学者谦逊地

---

① 尼采,《论史学对生活的利弊》(七),前揭,页203。

俯就(Herablassung)他的大众"的名称,而根本上这位学者只是俯就他自己,因为他并不是学者,而是群氓。(《论史学对生活的利弊》(七),页203)

尼采在这里提出了他后来不厌其烦反复说到的一个话题——非常得罪现代教育的话题:知识大众的产生及其循环再生。

> 你们造出一个"大众"(Volke)的概念吧:你们永远不能把这概念想得足够高贵、足够崇高。假如你们把大众想得伟大,则你们就会也怜惜大众,而且防止把你们的史学硝酸当作醒脑提神的饮料提供给大众。但是,你们在最深的根子上把大众想得渺小,因为你们对大众的未来不可能有真正的和持之有据的尊敬,你们是作为实践上的悲观主义者在行动,我指的是这样的人,他做出沦亡的预感,因而对他人甚至自己的福利(Wohl)都变得漠然和懒怠。只要乡土(Scholle)还承载着我们!而如果它不再承载我们,那它也有道理:一种冷嘲式的生存就这样感觉和生活。(同上,页203-204,译文据德文略有改动)

这段话让我们看到尼采的一个深刻洞见,即区分"大众"(Volke)概念与实际的大众本身。所谓"大众"概念指知识人设想出来的"大众",或者说通过人文教育的"史学硝酸"教出来的"大众",即新型知识分子自己。换言之,所谓"知识人大众"其实是"小众",也就是如今人们习称的"公知"。因此,尼采说"你们在最深的根子上把大众想得渺小"。用我们的话说,受过启蒙哲学的人文教育的知识人反倒与真实的生活世界相脱离。

尤其应该注意到,尼采起初用复数的"你们"来指称他的批评对象,结尾时换成了单数的"这样的人",并将他直接与"一种冷嘲式的生存"(eine ironische Existenz)划等号。如今我们能够看到的《世界历史的观察》《史学讲稿》和大部头的《希腊文化史》(2000多页),无不是后人整理出版的,布克哈特自己懒得整理,他的教育生涯的后期难道没有表现出一种"漠然和懈怠"?他的书信乃至漫谈式的讲课固然优雅,难道没有让人感受到"一种冷嘲式的生存"的悲观主义气息?

布克哈特从未正面回应尼采的《论史学对生活的利弊》,并对尼采后来发表的一系列作品一概挂避战牌,因此,两人之间实际上并没有过真正意义上的对话。既然如此,后人若要比较和评判布克哈特与尼采在看待史学教育乃至看待历史的态度上的分歧,无一例外都会成为自己的个体性情的展露。[①]

余 论

《论史学对生活的利弊》对"历史意识"和现代史学的批判不等于否弃史学本身。《人性的,太人性的》是尼采在巴塞尔的最后几年动笔的,在第二卷的"前言"中我们看到他说,他的第一篇《不合时宜的观察》已经"发泄了"自己"当学生时就有的不满情绪",即对"德意志的教育及教育庸俗性"的不满,尽管如此,

---

① 洛维特,《雅各布·布克哈特》,前揭,页55-76。

> 我在发表反对"史学病"的言论时,已经学会了如何从这种病中缓慢地、费力地康复,而且,并不愿意因曾深受其苦便要在将来完全放弃"历史/史学"。①

在《偶像的黄昏》中第二次"恭维"布克哈特之前,尼采称赞了两位政治史学的古典作家(修昔底德和马基雅维利)的著作所起的教育作用,而且绝不是"恭维":

> 由于他们的绝对意志,即毫不自欺,在现实中而非"理性"中,更非在[基督教人文主义]"道德"中看待理性,它们与我自身最为相近……为了进入生活而受到文理中学的训练,而作为报酬,这个"受过古典教育的"年轻人赢得的是希腊人那可怜的对于理想的粉饰。可没人能比修昔底德更彻底地治疗这种粉饰。②

若将布克哈特的"我的理想"与这里的说法对照,我们可以体会到,尼采为何说某种古希腊的"理想"会"让古代的高贵天性有可能误解自身"。布克哈特无疑有高贵的天性,但他没可能误解自身吗?无论如何,尼采若搞史学,他一定不会搞文化史,只会搞政治史。因为,史学若要起到良好的教育作用就必须从属于政治哲学。

尼采放弃最后一场"关于我们教育机构的未来"的演讲后,布克哈特给一位朋友写信(1872年4月21日)说:

> 他还欠我们最后一个讲座,我们期待这个讲座能解答一些如此鲁莽地提出的问题和抱怨[……]您应当已

---

① 尼采,《人性的,太人性的》,前揭,页398-399。
② 尼采,《偶像的黄昏》("我感谢古人什么",2),前揭,页184。

经获悉此事！此事在有些地方让人狂喜，但之后又令人感到深切的悲哀。我还不知道，法官的人文主义应如何以同情的方式处理善后事宜。但可以肯定，天资高的人直接获得所有的东西，然后再分给他人。①

这里的"我们"明显指巴塞尔的中产阶级市民，出于"新人文主义"的理想情怀，布克哈特自觉自愿加入了他们的行列，为他们举办讲座，提高他们的艺术趣味和鉴赏能力。

人们有理由猜测，尼采的"人性的，太人性的"这个书名很可能是送给布克哈特的。由于这本书让布克哈特感受到一种"混杂的"愉悦，对尼采笔下"潇洒的丰赡"很是"惊诧"，他才没有觉察出这个书名的含义所指。布克哈特收到《扎拉图斯特拉如是说》的赠书后情形就不同了，他在回信（1883年9月10日）表示感谢时不得不对尼采坦言："您给常人出了难题"，"此次更是为难了他们"。②

此后不久，尼采最后一次到巴塞尔拜访"老熟人"（1884年6月）。在写给友人的信中他说，"老熟人"给他留下的印象是"极度疲惫"，他甚至感觉自己仿佛置身于"奶牛群"中。③

虽然对被"民主的胡作非为"动摇的现代世界的无望有共同的感受，但布克哈特和尼采的教育方案在应该"俯就"还是应该"我渴望我自己"的问题上产生了分歧，两人因此实际上在一开始就已经分道扬镳。

"俯就"的结果固然难免导致"每况愈下"的文化，自由民主的个人需要的权利会如雨后春笋，甚至"俯就"者自己的

---

① 转引自洛维特，《雅各布·布克哈特》，前揭，页49-50。
② 转引自马丁，《尼采与布克哈特》，前揭，页8。
③ 转引自同上书，页26。

精神品质也难免"每况愈下"。但热爱智慧者的"我渴望我自己"就没有问题了吗？热爱智慧者的天素那么容易见到？在"女性化"和"童稚化"的人文教育课堂上劝导"我渴望我自己"的热爱智慧的生活方式，会诱发出何种稀奇古怪的"女性化"和"童稚化"的"我渴望我自己"？尼采用"铁锤"宣讲哲学之后，又激励多少"女性化"和"童稚化"的天性成了激进的既民主又自由的"我们学者们"？

布克哈特正确地看到，"我渴望我自己"的人文教育方案是"一条绝路"，尼采则正确地看到，"俯就"和"随众"的教育方案是"一条绝路"。后现代的大学和中学教育成了"民主的胡作非为"的温床究竟是哪条"绝路"导致的结果，殊难断言。情形倒更有可能是两条"绝路"分别而又共同合力产生的结果。① 倘若如此，后现代的人文教育该怎么搞呢？

有人会说，苏格拉底和孔子早就实践过一种既"我渴望我自己"又"俯就"的教育方式，为什么不能学习继承？话虽如此，问题在于，谁来培育这样的教育家？何况，更重要的是设计出高妙的教育制度，这需要伟大的政治家关切政治体的教育，并懂得政治教育是怎么回事，而这样的政治家又如何能培育得出来呢？

---

① 比较玛莎·纳斯鲍姆，《培养人性：从古典学角度为通识教育改革辩护》，李艳译，上海：上海三联书店，2013。

尼采的晚期著作与欧洲文明危机

法国革命以及随后的拿破仑帝国战争,拉开了欧洲现代政治戏剧的帷幕:民主、共和、自由等观念在欧洲广为传播。然而,革命中的种种暴力也引发了关于革命正当性的论争。由于法国革命弑君建立共和政制,论争必然涉及欧洲文明的自我认识。

法国革命爆发十周年前夕(1798),年仅二十七岁的德意志诗人诺瓦利斯写下了《基督世界或欧洲》(1799 宣读/1824 发表)。这篇短文在王政复辟时期正式刊布后,"为了欧洲的新生"而提出的更新宗教的"革命目的论"观点随即在欧洲知识界引发震荡,史称欧洲文明危机的标志性文献。①

在诺瓦利斯看来,法国革命并不仅仅是政治现象,更是精神现象。如果说宗教改革是欧洲"悄悄成年"的第一个标

---

① 诺瓦利斯,《基督世界或欧洲》,诺瓦利斯,《夜颂中的革命和宗教》,刘小枫编,林克等译,北京:华夏出版社,2007,页 198-218。

志,那么,法国革命表明了欧洲在精神上进一步成年。然而,如此成年的代价是欧洲文明共同体的分裂:不仅是地缘政治上的分裂,而且是精神文明上的分裂——不仅是原本整个欧洲共同信仰的大公教[天主教]信仰的分裂,而且是知识与信仰的分裂,天启教义与道德哲学的分裂。这些分裂加剧了接连不断的王朝动乱和王权国家之间的战争,以至于欧洲不再是一个统一的文明单位。

诺瓦利斯下笔《基督世界或欧洲》之时,法兰西共和国的革命军队占领教宗国,逮捕意大利籍教宗庇护六世(1775—1799在位),将他囚禁在瓦朗斯城堡。不久,教宗在这座城堡去世。由于拿破仑禁止罗马教廷选举新教宗,整个欧洲的天主教会失去了首领。与此同时,反法同盟正在准备一场针对革命法国的新战争。尽管诺瓦利斯在《基督世界或欧洲》中提出了"欧洲的新生"如何得以可能的问题,并提出了自己的带有"革命目的论"的构想,他的思考本身同样极度分裂:既非常激进又极端保守。[1]

一位尼采专家在比较诺瓦利斯与尼采时曾引用《瞧,这个人》中的这样一句话:

> 在所有所谓"美好灵魂"的深处,都根植着一种生理痛苦。[2]

这位专家关注的是诺瓦利斯和尼采这两个"美好灵魂"

---

[1] 参见伍尔灵斯,《革命的目的论》,见诺瓦利斯,《夜颂中的革命和宗教》,前揭,页293以下。
[2] 克雷尔,"传染性解读:诺瓦利斯和尼采作品中的健康和疾病",见刘小枫编,《尼采与古典传统续编》,田立年等译,上海:华东师范大学出版社,2009。

的深处各自具有的某种生理痛苦,对这两个灵魂可能共同具有的精神痛苦未置一词。尼采在法国革命和拿破仑战争之后的欧洲文明危机的时代处境中出世和长大,很难设想他的哲学思想与这场危机没有关系。事实上,自法国革命以来,欧洲大陆智识人一直受欧洲文明的未来走向问题困扰——尼采也不例外。①

不妨听听尼采自己的说法:

> 在新时代的所有光辉中,法国大革命过去了,那可怕的、凑近看就能发觉是纯属多余的闹剧。然而,整个欧洲心醉神迷的高贵看客从远处阐释这部闹剧时,如此旷日持久、如此狂热地掺入自己的愤慨与激动,直到文本在阐释中烟消云散。于是,高贵的后世将会再度错误地理解这整个过去,也许,只有这样才能忍受自己看见的这整个过去。(《善恶的彼岸》第二章,38)

迄今为止,我国学界的尼采研究还没有考虑过尼采的欧洲文明关怀问题。通过关注《善恶的彼岸》和《敌基督者》这两部尼采晚期要著中的几个关键段落及其互文本,本文将考察尼采如何思考欧洲文明危机,以及提出了怎样的解决之道。笔者的问题意识是:一百多年来,中国数代智识人同样

---

① 上世纪末欧盟成立之后,十八至十九世纪的欧洲智识人对欧洲文明危机的思考逐渐受到欧洲学界关注,参见:M. Castillo/G. Léroy,《康德的欧洲观》(北京:北京大学出版社,2015),P. Triomphe,《基佐的欧洲观》(北京:北京大学出版社,2013),《雨果的欧洲观》(北京:北京大学出版社,2013)。关于尼采对欧洲问题的思考,参见 Ralf Witzler 的 *Europa im Denken Nietzsches*(Würzburg,2001),该书分两个部分,第二部分题为"欧洲的危机"。

在中国文明的危机处境中长大,也不得不考虑共和革命引出的中国文明的自我认同问题。尼采所面对的引发欧洲文明危机的那场革命,与我们所面对的引发中国文明危机的革命,是同一性质的民主共和革命。尼采对欧洲文明危机的思考,理应对我们思考中国文明的危机有所启发,如果我们真的把尼采视为伟大的思想家的话。

尼采晚期著作的核心关切

1884年,刚到不惑之年的尼采计划着手写一部题为《重估一切价值》的大书,为此他写下了大量思想笔记(后来所谓的"遗稿")。在接下来的数年时间里,思想的澎湃激情使得尼采禁不住不断抛出新作。在抛出《善恶的彼岸》(1886)时,尼采写信给友人说:《善恶的彼岸》是他"从灵魂里涌出的一本骇人的书"。事实上,随后接连抛出的《道德的谱系》(1887)、《敌基督者》(1888)、《偶像的黄昏》(1889),都堪称从尼采的"灵魂里涌出的"骇人的书。[1] 由于这些著作已经大量用到为写作《重估一切价值》做准备的思想笔记,尼采很可能放弃了写作《重估一切价值》这部大书,拆散原来的计划,将笔记材料变成了一系列篇幅短小的力作:以《善恶的彼

---

[1] 尼采著作的中译本很多,本文引用的版本是:《人性的,太人性的》用魏育青译本(上海:华东师范大学出版社,2008),《善恶的彼岸》用魏育青等译本(上海:华东师范大学出版社,2015),《道德的谱系》用梁锡江译本(上海:华东师范大学出版社,2015),《敌基督者:对基督教的诅咒》用吴增定、李猛译本(北京:生活·读书·新知三联书店,2017)。以下随文注小节号,译文据德文略有改动处不一一注明。

岸》起头,以《偶像的黄昏》结尾。①

尽管如此,我们仍然应该从"重估一切价值"这个标题来看待尼采的晚期要著。毕竟,这个标题告诉我们,正当盛年的尼采在病倒之前倾尽全力在思考什么,他随后写下一系列著作的意图是什么。在这一时期,尼采还写下《瓦格纳事件》(1888)和《尼采反瓦格纳》(1888)两书,显然与1883年瓦格纳的去世有关。《瞧,这个人》(1888)本来是为所有已经出版的书重新写的序言集,意外地成了对自己思想生平的一个反思性总结。事实上,《善恶的彼岸》《道德的谱系》《敌基督者》《偶像的黄昏》四书自成一体,或者说构成了一个有机的织体,充分展示出尼采宣示要进行的"重估一切价值"的"伟大战争"(große Krieg)。②

这场"战争"的对象是整个西方哲学传统,但尼采集中火力打击的首先是启蒙哲学。1887年,四十三岁的尼采在给友人的信中说,他近几年来的工作是"以最冷酷的理性批判……对至今哲学的全部因果发起一次总攻"。我们知道,

---

① 尼采在1888年2月26日写给加斯特(Jast)的信中写道:"我要放弃写作《权力意志——重估一切价值》这本书,大胆构成我现在的《敌基督者》和《偶像的黄昏》。"见 Friedrich Nietzsche, *Sämtliche Briefe*,考订版,G. Colli/M. Montinari 编,卷八,München,1986。尼采病倒前最后的1888—1889年遗稿,并没有关于"权力意志"学说的内容,倒是有一个关于"大政治"(große Politik)的草案,其内容在今天看来极端"反动"(反自由民主),言辞极为尖锐。

② 这四部晚期著作有太多互文本,比如,《道德的谱系》第二章最后一节有如《敌基督者》的前言。此外,这个著作群还应该加上《快乐的科学》卷五,因为这一卷完成于《善恶的彼岸》之后。尼采在《道德的谱系》第三章第24节结尾时提示,为了更好地理解这里的问题,"最好是阅读《快乐的科学》的整个第五卷"。

"理性批判"是启蒙哲学的矛头,其锋芒所向是传统的"偏见"和教会的"权威"。但在尼采这里,"理性批判"的矛头被转过来对准了启蒙哲学自身——他要彻底清算启蒙运动以来的西方哲学:《善恶的彼岸》的副标题"未来哲学的序曲"已经提示"重估一切价值"的意图和目的。

《善恶的彼岸》是拟定"重估一切价值"写作计划之后推出的第一部著作,该书"序言"可以被看作尼采"对至今哲学的全部因果发起一次总攻"的宣战书。正是在这份宣战书中,我们可以看到尼采对欧洲文明危机的理解。他写道:人类追求伟大的事物时,起初都会产生出种种教条主义式的哲学"怪物","比如亚洲的吠檀多学说和欧洲的柏拉图主义(Platonismus in Europa)"。如果对尼采来说,"柏拉图主义"是欧洲思想"迄今所有错误中最恶劣、最顽固和最危险"的教条主义错误,那么,印度的吠檀多学说就是亚洲思想"迄今所有错误中最恶劣、最顽固和最危险"的教条主义错误。

如此表述让我们看到,尼采"对至今哲学的全部因果发起一次总攻"具有世界历史视野。不过,亚洲哲学在尼采那里仅仅是他思考欧洲思想时的一个参照系,尽管在晚期著作中尼采经常论及亚洲的哲学。作为一个欧洲人,尼采关切的是欧洲思想所犯下的错误。他紧接着就说,幸好欧洲人已经克服了"柏拉图主义"的错误:

> 欧洲挣脱了这一梦魇,喘过气来至少能够享受比较有利于健康的——睡眠了,我们继承了在与这错误的斗争中积累起来的所有力量,肩负着保持清醒的职责。(《善恶的彼岸》序言)

尼采的矛头不仅指向柏拉图,而且指向苏格拉底:

人们可以像医生一样发问:"古代最杰出的人物柏拉图身上的这种毛病从何而来?莫非是那邪恶的苏格拉底毒害了他?"

随后,尼采用一个 Aber[但是]把反对柏拉图主义与反对基督教联系起来:

但是,反对柏拉图的斗争,或者说得明白点,对"民众"(Volk)而言,反对千百年来基督-教会压迫的斗争——因为基督教就是对"民众"而言的柏拉图主义——已经在欧洲造就了一种人世间前所未有的华丽眩目的精神张力:如今这弓已然张紧,可以去射最遥远的目标了。当然,这个欧洲之人(der europäische Mensch)可能将这种张力看作困境;而且,已经曾两度以伟大的风格尝试让这弓松弛下来,一次是通过耶稣会教义,第二次则是通过民主的启蒙(die demokratische Aufklärung):——借助于新闻自由和读报,民主的启蒙或许真能使精神不再那么容易感到自己"窘困"了!(《善恶的彼岸》序言)

尼采在这里多次用到"欧洲"或"欧洲之人",因此,《善恶的彼岸》"序言"对于我们理解尼采心目中的欧洲文明危机非常重要,堪称关键文本。不过,这段文本又相当费解。首先,所谓"柏拉图主义"这个表述本身就让人费解。因为,他说"柏拉图发明了纯粹精神和自在之善",但无论"纯粹精神"还是"自在之善"(Guten an sich),都更像康德哲学的特征。

第二,尼采把"柏拉图主义"与"对'民众'而言"的基督教等同起来,对我们来说非常费解。何况,从语词上讲,fürs "Volk"也可读作"为了民众"。换言之,"柏拉图主义"是用来教化民众的。

最令人费解的是,第三,反对柏拉图主义和基督教恰恰是欧洲启蒙哲学的功绩,这意味着,启蒙哲学废除了用来教化民众的"柏拉图主义"。尼采对此显得大加赞赏,其理由是:这使得欧洲精神有如绷紧的箭弓,"可以去射最遥远的目标"。然而,耶稣会教义和民主的启蒙又使得已经绷紧的箭弓松弛下来。尼采紧接着就对信奉自由民主的启蒙哲人发起攻击,用"我们"的修辞与"他们"划清界限,并以此结束"序言":

> 然而我们,既不是耶稣会士,也不是民主分子(Demokraten),甚至不足以当个德意志人,我们这些好欧洲人(guten Europäer),自由的、十分自由的精神之士(freien, sehr freien Geister)——依然承受着全部的精神窘困,承受着精神之弓的全部张力!也许还有那支箭,还有那使命,谁知道呢?还有那目标……(《善恶的彼岸》序言)

令人困惑的地方首先在于:尼采何以既肯定启蒙哲学的功绩,又要向启蒙哲学宣战?毕竟,启蒙哲学的出发点恰恰就是"重估一切价值",或者说,"重估一切价值"这一呼吁本身就具有启蒙哲学品质。然而,尼采的"重估一切价值"又明显针对启蒙哲学的结果。

不过,有两点已经清楚。首先,尼采把欧洲文明危机的症候理解为哲人病。第二,这种哲人病的具体症候是启蒙哲人的病。尼采没有从政治或经济角度去找欧洲文明危机的根源,而是从欧洲文明的担纲者(智识人)身上去找根源。这无异于说,欧洲文明危机根本上是欧洲智识人的精神品质危机。①

尼采让我们不得不思考这样一个问题:面对中国文明的危机时,我们为何没有从智识人的精神品质去找危机的根源。

"自由思想"的滥用

如果要搞清尼采对欧洲文明认同危机的看法以及他提出的解决之道,恰切的方式是从《善恶的彼岸》"序言"令人费解的地方入手。首先应该搞清的是尼采与启蒙哲学的关系:尼采为何把"我们"称为"好欧洲人,自由的、十分自由的精神之士",进而让"我们"与启蒙智识人区别开来。

在《善恶的彼岸》中,尼采用了整整一章(第二章)篇幅来澄清这种区别——这一章的标题就是"自由精神"(Der freie Geist)。由此可见,这种区分在尼采看来非常紧要。在这一章的最后一节尼采这样写道:

> 我们不同于那些个 libres penseurs, liberi pensatori, Freidenker[自由思想者]——鬼知道那些个"现代观念"的死党还爱给自己起什么名字——我们和他们可不一样。(《善恶的彼岸》第二章,44)

---

① 尼采关于"欧洲"和"欧洲人"的另一番说法,参见《人性的,太人性的》卷二,第二篇,215。

"自由思想者"这个称呼最早指十七世纪末至十八世纪初的英国自然神论派哲人,他们堪称最早的一批启蒙志士。启蒙运动之后,这个称呼逐渐成了自由主义智识人的一般标志。如今,我们的自由知识人还喜欢用这个称号来标举陈寅恪,不问它是否恰当。托兰德是英国自然神论派最为著名的代表之一,他的确远比二十世纪的诸多自由主义知识人更清晰也更简洁地表述了自由主义哲学 - 政治原则的要核。据说,正是这位托兰德第一个在西方文史上获得了 freethinker 的称号。①

libres penseurs、liberi pensatori 和 Freidenker[自由思想者]分别是 freethinker 的法文、意大利文、德文写法——尼采的笔法以此表明,"自由思想者"的出现是欧洲文明的现代现象,他们是"现代观念"的担纲者。可是,尼采当然知道,追求自由地思想是一个古老的命题。如果我们读过柏拉图的《斐多》就会看到,苏格拉底对思想自由的追求已经到了超越死亡的地步。②

可以说,苏格拉底就是"自由的、十分自由的精神之士"。倘若如此;托兰德一类的"自由思想者"是苏格拉底式"自由的、十分自由的精神之士"吗? 即便托兰德把自己的启蒙哲人团体称为"苏格拉底协会",明眼人一看就知道并非如此。由此可以理解,在尼采看来,如今非常要命的问题是,作为

---

① 在西方现代思想史上,托兰德也以阐发"隐微"和"显白"的双重真理说著称。恰恰在《善恶的彼岸》第二章,尼采也说到"以前的哲人"区分"显白"与"隐微"(参见格言 30)。

② 柏拉图《斐多》中的苏格拉底在讲完"大地的神话"之后说,真正的热爱智慧者应该"用节制、正义、勇敢、自由和真实来安顿灵魂"(《斐多》115a1)。与《王制》卷四(427e - 432d)所列举的德性对比,这里没有提到"智慧",多了"自由和真实"。柏拉图笔下极少出现"自由"这个语词,其含义是摆脱身体的束缚,不受外在生活环境的支配。

"现代观念"的担纲者,"自由思想者"让自己显得是"自由的、十分自由的精神之士"。

因此,对尼采来说,首要的而且也极为艰难的时代问题是,澄清"自由的精神之士"的本来面目。恰切地讲,《善恶的彼岸》和《道德的谱系》两书都在致力于区分真假"自由精神"(对观《道德的谱系》3.24)。作为"现代观念"的担纲者,"自由思想者"仅仅是看起来具有"自由精神"而已。为了区分真假"自由精神",尼采不惜提出了"未来的哲人"这个概念:真正的"自由精神"体现在"重估一切价值"的"未来哲人"身上。在《敌基督者》中,尼采这样宣称:

> 我们自身,我们这些自由精神之士,已经是一种"重估一切价值",已经是针对所有关于"真实"与"不真实"的古老概念的活生生的战争和胜利宣言。(《敌基督者》,13)

如果"重估一切价值"已经是启蒙智识人的诉求,那么,尼采的宣称无异于断然否定了启蒙智识人的"重估一切价值"。这一否认的理由是,启蒙智识人完全误解了"自由精神"——对此,尼采在《善恶的彼岸》第二章的最后一节有明晰的表述:

> 这些未来的哲人们,他们也会是自由的、十分自由的精神之士,——同样肯定的是,他们也不会仅仅是自由的精神之士,而是比这要来得更多、更高、更大,根本就是另一种东西,是不会被弄错和混淆的。不过,我说这些时,觉得自己无论针对他们本身,还是针对我们自己——我们是他们的前导和先驱,我们这些自由精神之

士！——几乎同样负有一种义务，即从我们这儿吹散那些古老而愚蠢的先见和误解，它们像迷雾一样久久地笼罩着"自由精神"的概念。

在欧洲的所有国家，甚至在美国，都在滥用这个名称，那是一种很狭隘、受拘束、被拴在锁链上的精神，它所想要的差不多就和我们的意图和本能中的内容恰恰相反，——更不要说，它对于那些正在兴起的新型哲人而言根本就是关死的窗、闩死的门。

晚近有位美国学者写了一部书考察"自由主义的词语史"，她不仅发现，为自由主义做出重要贡献的并不是英国革命时期的智识人，而是法国革命后的法国和德意志的智识人乃至政治人——她还发现，当时的"大多数自由主义者在内心深处是道德家。他们的自由主义和我们今天听到的原子式的个人主义风马牛不相及。他们在谈论权利时一定会强调义务"。[1]

与尼采的说法相比，我们能够体会到，史学的视力与哲学的视力的差距何其之大。尼采在《善恶的彼岸》中继续写道：

> 丑话少说，他们属于平等主义者（Nivellierer），这些被叫错了名的"自由精神之士"——他们巧舌如簧，妙笔生花，却是民主品味及其"现代观念"（modernen Ideen）的奴隶；统统都是没有孤独的人，没有自己的孤独，呆头呆脑的乖孩儿，倒并不欠缺勇气和令人起敬的好习惯，但他们不自由，十分浅薄可笑，尤其是还特别爱好在迄今的旧社会形式中寻找一切人类受苦和失败的大致原

---

[1] 海伦娜·罗森布拉特，《自由主义被遗忘的历史：从古罗马到21世纪》，徐曦白译，北京：社会科学文献出版社，2020，页3-4。

因;殊不知这样一来,真理就被幸运地倒了个儿!他们全力追求的,是绿草茵茵的牧场上的普遍幸福,那里每个人都能生活得稳定、安全、舒适、轻松;都被他们哼唱烂了的两套曲子或者学说是"权利平等"和"同情一切受苦者"……(《善恶的彼岸》第二章,44)

这段言辞可以让我们可以得出这样一个结论:在尼采眼中,欧洲文明危机的表征是,智识人都变成了"自由主义者"。然而,最让如今的我们应该感到惊怵的是,尼采告诉我们,"自由主义者"是"被叫错了名的'自由精神之士'"。毕竟,我们恰恰把具有自由主义的"现代观念"之士视为"自由精神之士",而且以成为这样的智识人为祈向。尼采说,"在欧洲的所有国家,甚至在美国,都在滥用[自由精神]这个名称",而我们恰恰把欧洲尤其美国的自由主义思想奉为圭臬。

当然,如果我们的确认为这是真的"自由精神"也无不可,但这样一来,我们就得让尼采一边去,不再读他的著作,遑论开学术会议研讨他的著作。换言之,我们必须在尼采与自由主义之间做出选择。毕竟,尼采痛斥启蒙哲人虽然"巧舌如簧,妙笔生花,却是民主品味及其'现代观念'的奴隶",会让我们坐卧不安,因为,这无异于在痛斥如今的我们。

如果我们愿意认真对待尼采——尤其是如果我们愿意认真对待自己,我们就得寻找尼采这样看待"被叫错了名的'自由精神之士'"的理由。事实上,尼采已经提到"民主品味及其'现代观念'"的要核,即"权利平等"和"同情一切受苦者"这"两套曲子或者学说"。显然,我们最难以理解的是:为何在尼采看来,自由主义是"一种很狭隘、受拘束、被拴在锁链上的精神"。

自由主义把人的精神拴在什么锁链上？爱尔维修（1715—1771）的《论精神》一书对此提供了最佳说明。

爱尔维修出生于法国巴黎的一个医生世家，父亲是法国王后玛丽的首席御医，算出身王室圈，早年就读耶稣会创办的名校——巴黎路易大帝中学，与伏尔泰、狄德罗算校友。毕业后，爱尔维修随舅父习金融财政，但他更喜爱文学，开始写诗……二十三岁那年，凭靠身为御医的父亲，王后给爱尔维修安排了一个报酬丰厚的地方收税官职位。爱尔维修过着衣食无忧的生活，专注于读书研习，结交当时的启蒙知识人——在著名的"夹层俱乐部"（Club de l'Entresol），爱尔维修受到数学家莫佩尔蒂、大文豪孟德斯鸠和伏尔泰的影响和熏陶。三十六岁那年（1751），爱尔维修又得到一个更大的肥缺，出任王后的膳食总监。

凭靠自己的丰厚收入，爱尔维修与妻子在家开办了一个沙龙——而且办成了当时最重要的激进启蒙沙龙，持续时间长达五十年之久（1771年爱尔维修去世后，由他妻子继续主持）。爱尔维修属于"百科全书派"成员，尽管他从未给《百科全书》撰稿，他自己也是大器晚成，四十三岁时（1758）才发表《论精神》（De l'esprit）。[1] 由于该书抨击天主教会，宣扬

---

[1] 爱尔维修，《论精神》，杨伯恺译，上海：商务印书馆，1933/上海：上海人民出版社，2019（重印）。《论精神》早在十八世纪初就译成了英文：*Essays on The Mind and Its several Faculties*，William Mudford 译，London 1807。关于爱尔维修，参见 Irving Louis Horowitz, *Claude Helvetius: Philosopher of Democracy and Enlightenment*, 1954；蒙让，《爱尔维修的哲学》，涂纪亮译，北京：商务印书馆，1962。爱尔维修的"精神"论先驱还有英年早逝的 Marquis de Vauvenargues（1715—1747）的《论精神》，两卷（见 Oeuvres competes de Vaucenargures, Henry Bonnier 编, Paris, 1968）。

无神论、功利原则和平等观念，随即遭巴黎高等法院和索邦神学院查禁。由于爱尔维修任职王室，他被迫在三种不同场合公开声明放弃自己的思想主张。

为什么《论精神》惹此大祸？《论精神》不仅集中阐述了《百科全书》派的政治观点，还突显出爱尔维修自己的激进启蒙主张。爱尔维修提出，人类的世界观以人的快乐－痛苦感觉为基础（这种观点其实来自洛克和孔狄亚克）：趋乐避苦是人的自然天性，人的道德行为基于趋乐避苦原则，其根源来自人的自利天性。依据这种道德动机论，爱尔维修提出了一种可以称之为功利主义的政治理论，其要点是：要营造良好的政治文化，必须通过教育来塑造人民的自利观念，使得每个人的自利观念符合社会的总体利益。好的政治制度并不会压制人的自利本性，而是会巧妙地控制和利用个人对自利的追求。实现这一政治目的的手段是教育和立法：通过教育让人懂得如何合理地掌握自利天性，通过立法对特定行为施以惩罚（带来痛苦）以约束人的过分自利行为。

爱尔维修思想的核心来自霍布斯和洛克——十七世纪以来流行的自然状态论的自然欲望说，其思想支配力有如十九世纪后期的生物学、二十世纪初期的心理学和二十世纪后期的人类学。爱尔维修的真正新颖之处不过是对财产欲和占有欲的系统分析，或者说对"盈利欲望谱系"的分析：把人的各种欲望解释为"自利"这一根本欲望的一系列变体。在他看来，这一根本欲望不过就是所谓"能够/权力的欲望"（desir du pouvoir）。爱尔维修之所以被称为激进启蒙智识人，乃因为他把商人式的"自利"欲望解释成人的普遍天性，然后以此为依据提出种种政治变革诉求。

据说，爱尔维修的主张直接启发了史称"功利主义思想之父"的启蒙志士边沁(1748—1832)。我们知道,边沁是大名鼎鼎的现代自由主义法学的奠基人,三十岁时就写下《为高利贷辩护》一文。法国大革命爆发那年,他出版了《道德与立法原理导论》,随后就发起了一系列道德立法上的革命。①

由此看来,爱尔维修才是真正的"功利主义思想之父",但他的思想灵感其实来自英格兰哲人洛克(1632—1704)的启发。后者相信,"我们的观念来自感觉",并根据这一原则得出推论说,"精神不过是一种获得物"——沃格林看到,爱尔维修不过促成了从洛克到边沁的推论,他做到了洛克没有做到的事情,即把《人类理解论》的原则应用到政治学,由此推出最大多数人得到最大快乐这一所谓最佳政治原理。②

爱尔维修把人的"精神"解释成自利的欲望,无异于用"商人精神"置换纯粹"精神"。他甚至把"自恋"说成一种人性的永久性情感,因为它保证了对快乐的追求和对痛苦的躲避。按照这一原理,功利主义哲学才得以堂而皇之地把人的精神拴在了自利欲望的锁链上。显而易见,爱尔维修彻底颠覆了"精神"的原初含义。因此,尼采说,法国启蒙运动给道德现象带来的只有"弊端和倒退",对此做出"最后精辟论述和总结"的是爱尔维修,并讽刺他是"优秀道德家和好人"。③

《善恶的彼岸》第二章最后一节在指出"自由思想者"是"被叫错了名的'自由精神之士'"之后进一步说:

---

① 参见边沁,《道德与立法原理导论》,时殷弘译,北京:商务印书馆,1996/2012。
② 沃格林,《政治观念史稿(卷八)·危机和人的启示》,刘景联译、张培均校,上海:华东师范大学出版社,2019,页38-60。
③ 尼采,《人性的,太人性的》,前揭,卷二,第二篇,216。

> 继承人和败家子在我们看来没什么两样,那些人从早到晚忙着归类收藏,守着我们金玉满堂的财富却是一毛不拔,在学习和遗忘方面堪称勤俭持家,在条条框框里颇有创造发明,有时为些个范畴表感到自豪,有时头巾气很重,有时又变成白天出来活动的猫头鹰;万不得已有必要时甚至是吓唬鸟儿的稻草人……(《善恶的彼岸》第二章,44)

谁是"继承人和败家子"?这里的所谓"条条框框"和"范畴表"显然是在挖苦康德,因为,"条条框框"的原文Schematen(源于希腊语"形状、形式、轮廓、模式")在康德哲学中是个核心术语,指的是想象力为概念提供其"画面"以构成其直观表现的过程。据说,如果没有这一抽象概念和感性形象之间的中介,概念难免"空泛",直观难免"盲目"。①

至于"范畴表",更是康德在《纯粹理性批判》中的著名创造发明。"白天出来活动的猫头鹰"很可能指黑格尔,因为他在《法权哲学导言》中有句名言:"密纳发的猫头鹰要等黄昏到来时,才会起飞。"②如果将这段说法与《人性的,太人性的》中的一处对观,含义就清楚了——尼采在那里说:

> 德意志的道德哲学——从康德开始算起,再加上它所有的法国、英国和意大利的分支旁脉——都是些什么?是一种以半神学的方式对爱尔维修的谋杀。(《人性的,太人性的》卷二,第二篇,216)

---

① 参见《善恶的彼岸》魏育青中译本中的 Pütz 本注。
② 黑格尔,《法哲学原理》,邓安庆译,北京:人民出版社,2017,页15。

尼采的火眼金睛看到了欧洲启蒙哲学的内在脉络：德意志古典哲学高扬人的道德精神，肇因于英国和法国的启蒙哲学前辈把人的道德精神贬得太低。于是，在德意志古典哲学那里，"民主品味及其'现代观念'"具有了一种显得脚不沾地的观念形态。所谓"继承人和败家子"的意思是：德意志古典哲学的观念论是英国和法国经验论哲学的"继承人和败家子"——说到底，这两种哲学都是"民主品味及其'现代观念'的奴隶"，或者说都是现代启蒙哲学的怪胎，但它们都高扬"自由思想"。

尼采看到，在启蒙后的时代处境中，要做真正的"自由精神之士"首先得有不做"民主品味及其'现代观念'的奴隶"的勇气。换言之，对"现代观念"持怀疑态度才真正叫有"自由精神"。当然，尼采清楚地知道，在启蒙后的时代，一个思想者如果不相信"民主品味及其'现代观念'"，难免会遭到自由主义教士们的谩骂。

> "自由精神"是人们对一些人的谩骂。如果我们当中没人愿意分担这些公开的妒忌与辱骂，并以此方式向那些被骂的人表示敬意，那么有谁还敢自称"自由精神"？但我们却完全可以严肃地（不带任何高傲或高尚的反抗地）自称"自由迁徙的精神"，因为我们感到向往自由是我们精神的最强大的驱动力，与受捆绑、扎了根的理性相反，我们几乎认为自己的理想就是一种精神的游牧主义，——这是一种谦虚的、几乎带有贬义的表达。（《人性的，太人性的》卷二，第一篇，211）

为此，尼采塑造了扎拉图斯特拉这个诗化形象——在《敌基督者》的第54节我们可以读到，尼采以他的扎拉图斯

特拉为"自由精神"的楷模:

> 不要误入歧途,伟大的精神之士都是怀疑者。扎拉图斯特拉就是一位怀疑者。力量,来自精神权力和充沛的自由,都通过怀疑来证明自己。就所有价值和无价值的基本原则而言,根本无需考虑有信念的人。信念就是监狱。……渴望变得伟大,并且获得相应的手段,一个精神必须成为怀疑者。摆脱各种信念的自由,自由地看的能力,属于力量的一部分……(《敌基督者》,54)

怀疑一切是笛卡尔确立起来的哲学原则,正是这一原则成了启蒙哲学的"信念"。尼采将这一原则贯彻到底,将它的锋芒转过来对准启蒙哲学的"信念"本身——"民主品味及其'现代观念'"。由此我们可以理解,在《善恶的彼岸》的"序言"中,尼采何以可能既大加赞赏近代启蒙哲学的功绩,又对启蒙哲学宣战。换言之,尼采承认,怀疑一切是哲学的基本原则,而且是"自由精神"的体现。但要持守这一原则,就不可能成为一个有启蒙"信仰"的信徒——而启蒙智识人恰恰是"民主品味及其'现代观念'"的信徒。

下面这一长段言辞见于《敌基督者》,原文一贯到底,中间没有划分自然段,读起来让人晕眩——若我们细分自然段,脉络就变得清晰起来:

> 坚持信仰的人,形形色色的信徒,必然都是依附性的人——这种类型的人不可能把自己看成目的,他在自身中也不可能发现任何目的。"信徒"不属于自己;他只是达到目的的手段;他必须被利用;他需要有人利用他。……

> 假如有人想到,大多数人多么需要有一些规范,外在地制约并束缚他们;假如他还想到,强迫或更强意义的奴役是某种唯一和终极的条件,好让意志软弱者,尤其是女人茁壮成长;那么,他就立刻理解了信念,理解了"信仰"。
>
> 对坚持信念的人而言,信念就是他们的支柱。对许多事情视而**不见**,在任何一点上都不能没有偏见,越来越成为党派分子,用一种严格和必要的视角来看待一切价值——所有这些,都仅仅是这类人的存在所必需的条件。但是,他们也因此成为真诚者的对立面和**敌对者**……
>
> 信念者视角的病理学前提将他人变成**狂热分子**——萨沃纳罗拉、路德、卢梭、罗伯斯庇尔、圣西门——,他们都是强大的和已经变得自由的精神的对立类型。但这些**病态精神的宏伟态度**,这些概念的癫狂者,却对人民大众产生广泛影响——狂热分子充满诗情画意,世人宁愿欣赏姿态,也不愿倾听**理由**……(《敌基督者》,54)

在尼采看来,任何"信仰"都具有强制约束的性质,从而与"自由精神"不相符。然而,尼采并没有否认"信仰"的政治哲学意义。在他看来,"大多数人多么需要"有"信仰",以便他们的生活具有规范,外在地受到制约和束缚,这是他们得以"茁壮成长"并且生活得好的必要条件。但自由民主"信仰"并非这类让人得以"茁壮成长"并生活得有规矩的"信仰",因为,这种"信仰"让"大多数人"变得"对许多事情视而不见",在任何事情上都不能不带有自由民主"偏见",以至于成为狂热的"党派分子"。

所有这一切都是自然而然的事情,无需感到奇怪或惊讶。应该奇怪或惊讶的是,本来怀疑一切的启蒙哲人变成了"民主品味及其'现代观念'"的信徒。尼采罗列了从马基雅维利推崇的萨沃纳罗拉到路德、卢梭、罗伯斯庇尔和拿破仑时代的圣西门,以此作为"狂热分子"的典型。如我们所知,所有这些历史人物无不是欧洲文明危机的标志。由此可以证实:在尼采眼里,欧洲的文明危机不折不扣就是由于本来具有怀疑精神的人变成了"狂热分子"。所以,在《善恶的彼岸》第四章的沉思式断片中,尼采写道,"受约束的心灵"(Gebunden Herz)才是"自由精神"(freier Geist):

> 人若紧紧束缚住自己的心灵,便可给予自己的精神更多自由。这话我以前曾说过。然而别人不信我的话。……(《善恶的彼岸》第四章,87)

"狂热分子"谱系学

"民主品味及其'现代观念'"的要核是"权利平等"和"同情一切受苦者"这"两套曲子或者学说"——为了进一步搞清尼采对欧洲文明危机的理解,我们有必要细看尼采如何论析这两种"学说"与知识人的关系。让我们感到多少有些费解的是,尼采最为透彻的分析见于标题为"敌基督者"的小册子。

《敌基督者》全书除一个简短的"序言"外共62节,没有再分章节,也没有小标题,显得一气呵成——或者说具有拿破仑式的火炮攻击力。第1–5节有如一个引子,接下来的第6–14节,尼采揭示了欧洲文明败坏(Verdorbenheit)的原因。尼采说,他所说的"败坏"不是道德含义,而是指"颓废"

(décadence)。这个语词出现于十九世纪中期,往往被用来标明欧洲文明危机的重要面相。但在尼采笔下,这个词语却具有非常独特的含义:所谓"颓废"指哲人搞错了自己的天性或者"本能"(Instinkte)。哲人本来应该去追求"权力",却去追求对自己的本性有害的东西——本来应该去追求高贵,却去追求低俗,以致败坏了自己的本能(《敌基督者》,7)。

在尼采看来,导致"颓废"的是一种"虚无主义哲学的视角"——什么是"虚无主义哲学"?在紧接下来的第8节,尼采挑明了他心目中的敌人:"虚无主义哲学"。第8节以这样一句话开头:

> 必须指出,我们觉得谁是我们的敌人。

尼采用德语向德意志知识界宣称,他的"敌人"就是"今天以'唯心主义者'(Idealist)自居"的那些德意志古典哲学家。他们"抓满了一切宏大的概念","悬浮"在这些概念之上的是"纯粹自为的'精神'"。

我们知道,所谓"唯心主义者"指从康德起家经费希特到黑格尔的整个德意志观念论哲学。不过,尼采把他的攻击范围拉得更广,把终结康德哲学的叔本华也算在这个德意志古典哲学阵营。《善恶的彼岸》"序言"中说,"柏拉图发明了纯粹精神和自在之善",现在我们看到,在尼采看来,整个德意志古典哲学都是"柏拉图主义"的继承者。[①]

[①] 有意思的是,康德本人就是个"反柏拉图主义者",尼采则攻击康德是个"柏拉图主义者"——同样,尼采如此高调反"柏拉图主义",海德格尔则认为尼采发展了"柏拉图主义"。参见 Walter Patt, *Formen des Anti-Platonismus bei Kant, Nietzsche und Heidegger*, Frankfurt am Main,1997。

尼采随即对整个德意志古典哲学下了这样的判词:"纯粹的精神是纯粹的谎言。"接下来,尼采径直把德意志古典哲学家称为"神学家",并宣称要"对这种神学家的本能发动战争",因为他发现这种神学家本能的"痕迹无处不在"(《敌基督者》,9)。接下来,尼采用了整整三节篇幅来痛斥康德——这意味着,康德哲学是这种"神学家本能"的发源地。

> 当我说哲学被神学家血液所败坏时,德意志人中间马上就有人明白我的意思。新教牧师是德意志哲学的祖父,新教本身是德意志哲学的原罪……
>
> 四分之三由牧师和学者后裔构成的德意志知识界,在康德登场时所发出的一片欢呼声,究竟来自何方?——认为康德开启了一个更好转向的德意志信念,在今天仍然得到呼应的德意志信念,又来自何方?……
>
> 康德的成功仅仅是一个神学家的成功:对原本就很不稳定的德意志诚实来说,康德如同路德、如同莱布尼茨一样,就是一个急刹车——(《敌基督者》,10)

尼采看到,康德哲学其实有两面性。一方面,他像莱布尼茨,其思想非常数学化地抽象;另一方面,他像路德,是个教主,有众多虔诚且热烈的信徒。说"四分之三由牧师和学者后裔构成的德意志知识界"对康德登台发出欢呼,无异于说德意志知识界有四分之三的人是康德信徒:康德成了"教士类型"的哲学家的教父。

那么,康德哲学中流淌着的德意志新教神学的血液又是什么呢?

> ……每个人都发明自己的德性、自己的范畴律令。

倘若一个民族(Volk)将自己的义务同一般义务概念混淆起来,那么,这个民族就会走向毁灭……一个人怎么可能不觉得康德的绝对命令是**致命的危险**!……只有神学家的本能在捍卫范畴律令!……

还有什么东西比"义务"的自动机器对一个人的毁灭来得更快?义务恰恰是**导致颓废的处方**,甚至是导致**白痴的处方**……康德成了白痴。——他竟然是歌德的同时代人!这种蜘蛛的灾难被看成德意志哲学家,——今天仍然如此……

我很慎重地说出我对德意志的思考……难道康德不是在法国大革命之中看出国家从无机形式向**有机形式的过渡**吗?难道他没有扪心自问:是否一个个别事件只能通过人性中的道德倾向来进行解释,这样就能够一劳永逸地证明"人类朝向善的趋势"?康德的回答是:"这就是革命。"在一切事情上都谬误百出的本能,作为本能的反自然,作为哲学的德意志式颓废——这就是康德!——(《敌基督者》,11)

我们都知道,康德发明了"道德法则"一类的"义务",并将它变成了"普遍法则"(参见康德,《道德形而上学基础》,第二节)。在一些人眼里,这是康德哲学的伟大功绩,但在尼采眼里,这是康德颓废的证明——或者说康德哲学中流淌着德意志新教神学血液的证明。不过,要搞清这一点,我们必须清楚路德身上的血液品质。

1520年6月,教宗发表公告,责令路德在60天内反悔,否则革除教籍。10月,路德发表《论基督徒的自由》(*De libertate christiana*),呼吁教廷召开一次主教大会,遭到教廷拒绝。如今的我们会以为,路德与教会腐败作斗争有什么不对呢。其实,天主教神职阶层出现腐败在历史上已经不是头一回,同样,天主教内部出现反腐败的改革呼吁也不是头一回。路德的改革呼吁的独特性在于,他把改革矛头直接指向了教会建制本身,让每个信徒的个人良心成为凌驾于教会建制之上的最高权威。

路德所宣扬的教义最重要也最著名的是"因信称义"的唯信论,即无需凭靠教会,仅仅凭靠个人良知的认信就可以得救。传统的观点认为,教会建制是基督徒个人与上帝之间必不可少的中保,路德的唯信论否定了这一传统观点,排除了教会建制对信徒得救的制约,从神学上使罗马天主教的建制权威无立足之地。路德反对基督教士的"禁欲"伦理,要求废除教会的种种习传规矩,否定教士应该过独身生活,废除修道院,无异于摧毁了教士中的精英阶层和教会的精神等级秩序。

路德在教会建制之外树立起两个权威——个人良知和《圣经》,引出了精神秩序中的平等主义诉求:所谓个人良知在《圣经》面前人人平等。这听起来没有问题,其实有大问题。因为,离开了教会建制的管制,《圣经》权威不可能约束个人良知,个人良知反倒最终会成为至高权威——在康德那里就是绝对的"道德法则"。如十七世纪末的波舒哀已经指出的那样,路德神学的结果是:有多少个人良知就会有多少宗教。[①] 如今的我们会把"每个人都发明自己的德性、自己的范畴律令"看作自由精神的正当诉求,在尼采看来,任何一

---

① 参见 Jacques Bénigne Bossuet, *History of the Variations of the Protestant Churches*, Ulan Press, 2012, 导言。

个政治共同体若把这一原则视为道德原则都必遭灾难性的后果。①

尼采看到,从本质上讲,路德的宗教改革是对欧洲精神秩序的颠覆,抹去了人的灵魂类型的区分:

> 毫无疑问,路德对教会的那些使徒圣人们的反抗态度(特别是针对"教宗,那魔鬼的母猪"的态度),说到底不过是一个粗野小子的反抗,他对教会的良好礼仪恼恨不已,即那种带着祭司品味的敬畏礼仪,因为这种礼仪只允许更有奉献精神、更为沉默的人进入最神圣的境地,而将那些粗野家伙拒之门外。
>
> 那些家伙永远都不应该拥有在这儿说话的权利,——可是路德,那个农民,却要让它彻底变个样子,因为那些礼仪对他而言不够德意志化:他要的首先就是能够直接说话,能够自己说话,和他的上帝进行"不拘礼节的"交谈……于是,他就这样做了。(《道德的谱系》第三章,22)

在评说过路德之后不久,尼采对康德也有一段评说,值得对观:

> 人们是否真的无比严肃地认为(正如神学家们曾经一度夸张地想象的那样),康德针对神学上的教条主义概念("上帝""灵魂""自由""永生")的胜利给禁欲主义理想带来了很大的损害?——在这里,我们暂

---

① 关于路德的宗教改革思想的政治哲学含义,参见 J. C. Thompson, *The Political Thought of Martin Luther*, Harvester Press, 1984。

且不谈康德本人是否也有意获得这样的胜利。可以肯定的是,自康德以来,所有类型的先验主义者都成了赢家,——他们都从神学中解放出来了:这是何等的幸运!——康德向他们透露了那条隐秘的路径,他们现在可以完全独立地依照最佳的科学规矩来追求"他们内心的愿望"了。与此同时:不可知论者们,这些自在的未知物和神秘物的崇拜者们,当他们现在把问号本身当作上帝来膜拜的时候,谁又能责怪他们呢?(《道德的谱系》第三章,25)

把这两段文字联系起来看,康德身上的路德血液不是很清楚了吗?不仅如此,宗教改革与启蒙运动之间的内在脉络不是也清楚了吗?

历史清楚地表明,路德的"唯信论"不仅直接导致欧洲的政治危机,彻底断送了神圣罗马帝国统一的可能性,而且直接导致欧洲文明的危机,其具体表征是欧洲"民族"精神[文化]秩序的混乱。尼采在《敌基督者》中说,

> 倘若一个民族将自己的义务同一般义务概念混淆起来,那么,这个民族就会走向毁灭。(《敌基督者》,11)

这里的"民族"(Volk)指整个欧洲"文化"民族。因为,在尼采眼里,"欧洲"是一个"文化概念"(Kultur – Begriff):

> 并不是整个欧洲都可以被包含在"欧洲"这个文化概念里,而是只有那些拥有希腊、罗马、犹太教、基督教的共同过去(gemeinsame Vergangenheit)的诸民族

(Völker)和民族分支,才能算是"欧洲"。①

无论是路德的神学还是康德的哲学,给作为"文化"民族的欧洲带来的切近灾难是造就了一代又一代启蒙"狂热分子":路德神学对传统教会建制的摧毁开放了"群众性谵妄"(《道德的谱系》第三章,21),康德哲学则通过其对理性认识的先验主义式自我批判将智识人的心性引向"一种稀奇古怪的自负",最终坐实"欧洲虚无主义"的兴起。

康德的《实践理性批判》在结尾处有一个激动人心的对比:der bestirnte Himmel über mir, und das moralische Gesetz in mir[在我头上的星空和在我心中的道德法则]。如今在我们这里,这个对比虽然已经因广泛引用而家喻户晓,其含义却未必得到了正确理解。"在我头上的星空"喻指哥白尼-伽利略的天文学革命成就,康德觉得,这场天文学革命所揭示的宇宙景象极为辉煌,但也使作为动物性造物的他自己变得无限渺小,以至于"灭除了"(vernichtet)他这个人自己的"重要性"(meine Wichtigkeit),尽管康德自己也追赶时髦搞新天文学。康德自信[自负]地认为,通过证明自己心中的"道德法则",他已经凭靠自己的人格"无限地"(unendlich)提升了他自己"作为理智的价值"(meinen Wert, als einer Intelligenz),使之足以与"头上的星空"媲美。②

对康德的道德哲学如此提升自己的理智,我们激动不已了差不多半个世纪,迄今还在激动,尼采却早就看到:

---

① 尼采,《人性的,太人性的》卷二,第一篇,215。
② 参见《康德著作全集》,李秋零译,卷五,北京:中国人民大学出版社,2008,页169。

> 自哥白尼以后,人似乎被置于一个斜坡上,——他已经越来越快地滚离了中心地位,——滚向何方? 滚向虚无? 滚入"他那虚无的穿透性的感觉"中? ……看哪! 这不正是那条直达的道路——通向的不正是那**古老的理想**([引按]指普罗米修斯的理想)吗? ……
>
> 所有的科学(绝不仅仅是天文学,关于天文学的诋毁和贬低作用,康德曾经做过非常值得注意的表述:"它取消了我的重要性。"),不论是**自然的**科学还是**非自然**的科学(我指的是对认识的自我批判),现在都开始劝人放弃他保留至今的自尊自重,好像那自尊自重无非是一种稀奇古怪的自负而已……(《道德的谱系》第三章,25)

如果说新天文学把人置于宇宙的斜坡上,使人最终"滚向虚无",康德让自己的道德哲学成就与之媲美,在尼采看来无异于把人置于心性的斜坡,使人的 Intelligenz[理智]最终"滚向虚无"。康德的道德哲学是欧洲虚无主义的突出表征——这是尼采最让我们感到震惊的洞识之一,尽管要搞懂其中的道理,我们即便花费整整一个世纪的时间也可能不够。毕竟,何以高扬人的主体性道德却是虚无主义,太令人费解,正如路德高扬人的个体良知何以是对良知无可挽回的败坏,太令人费解。

尼采在晚期的思想笔记中写道:

> 康德以及他的"实践理性"和道德狂热全属于十八世纪;完全置身于历史运动之外;对他那个时代的现实不屑一顾,例如革命;丝毫没有受希腊哲学的影响;沉迷于义务概念;感觉论者,具有教条主义坏习惯的潜在倾向——。

> 我们这个世纪里返回到康德的运动是一场返回到十八世纪的运动:人们想重新获得推崇旧的理想和旧的狂热的权利([引按]指十八世纪启蒙运动的狂热),——为此需要一种"设置限度"的认识论,也就是说,允许随心所欲地设置理性的彼岸……①

在尼采看来,康德不仅自己是路德造就的"狂热分子",由于他发明了先验的"道德法则"一类的"义务",他也在不断造就"狂热分子"——把欧洲爱好哲学的青年培育成自由主义"教士"。由此可以理解,尼采为何会在《敌基督者》中怒不可遏地写道:

> 所有这些极端的狂热分子和畸形怪胎,他们的所作所为完全类似于小女人——他们已经把"秀美的情感"当作论证,把"高耸的胸膛"看成一种神性风箱,把信念看成一种真理标准。最后,康德以"德意志式"的清白,在"实践理性"概念名下,努力把这种败坏的形式、这种理智良知的匮乏变成科学。他特意发明了一种理性来表明,在什么情况下可以不关心理性,就是说,在道德、在"你应该"的崇高要求发出声音的时候。
>
> 只要考虑到,在几乎所有的民族之中,哲学家都不过是教士类型的进化,那么这种教士的遗产、这种自欺欺人的伪造也就不再令人吃惊。倘若一个人肩负改善、拯救或解放人类等诸如此类的神圣使命——倘若他心怀神性、充当彼岸绝对命令的代言人,那么,由于这样一

---

① 尼采,《重估一切价值》,林茹译,下册,上海:华东师范大学出版社,2013,第一章,39。

种使命,他就置身一切仅仅符合理智的价值判断之外——甚至已经因为这一使命而变得神圣,甚至已经成为一种更高等级的类型!(《敌基督者》,12)

《敌基督者》中连续三节对康德的痛斥虽然言辞激烈,却并非没有内在逻辑。尼采首先让康德对"德意志哲学的原罪"负责(《敌基督者》,10),然后指出康德哲学的要核是德意志新教的血液(《敌基督者》,11)。在这里,尼采将康德哲学与法国大革命联系起来:革命需要"极端的狂热分子和畸形怪胎",他们把"肩负改善、拯救或解放人类等诸如此类的神圣使命"当作自己的使命,并把这一信念"看成一种真理标准"。

最后,尼采揭示了看似"理性"的康德哲学的非理性特征。康德哲学的妙处就在于,"他特意发明了一种理性来表明,在什么情况下可以不关心理性"。康德哲学表面上推崇"理性",实际上推崇的是非理性的狂热,因此是打造"狂热分子"的"教士"哲学,所以堪称"自欺欺人的伪造"。

在我们眼里,尼采以攻击基督教闻名,这已经成为我们对尼采难以磨灭的印象。可是,在《敌基督者》中我们首先看到的是尼采对以康德为首的德意志古典哲学的痛斥。① 如果康德被他自己造就出来的"狂热分子们"当成了新的"基督",尼采以"敌基督者"自称就实在不奇怪,因为,他"敌对"的是一个彻头彻尾的伪"基督",哪怕他自称"肩负改善、拯救或解放人类等诸如此类的神圣使命"。

---

① 德国古典哲学带有基督教新教神学的品质,是尼采在《敌基督者》中的一个支撑性论点。后来的海德格尔接过这个论点,并力图清除德意志哲学传统中的新教血液。

"重估一切价值"的普世文明依据

尼采的晚期著作有一个突出特征,这就是采取了世界文明大历史的视角,尽管"重估一切价值"显然针对的仅仅是欧洲文明史。"重估一切价值"这一呼吁听起来极具激进性质,似乎要彻底重估整个欧洲文明传统,其实不然。通过前面的考察我们有理由认为,在尼采那里,"重估一切价值"这个看似启蒙哲学性质的口号针对的其实是启蒙哲学所宣称的"一切价值":"民主品味及其'现代观念'"。《敌基督者》中对欧洲古代"宗教立法"的颂扬可以进一步证明这一点:

> 只要研究一下历史就可以了:历史以一种可怕的清晰程度证实了这一点。我们实际上刚刚知晓了一种宗教立法(eine religiöse Gesetzgebung),它的目标是将那些促使生命茁壮成长的条件、将一个伟大的社会组织变得"永恒"……罗马帝国,是迄今为止在艰苦条件下所建成的最伟大的组织形式,与之相比,所有此前或此后的组织形式都不过是残缺不全、粗制滥造、业余作品——对于那位神圣的无政府主义者,"虔敬"即毁灭"俗世",也就是罗马帝国,直至片瓦不存——直至日耳曼人和其他流氓恶棍都能成为它的主人。……基督徒与无政府主义者:二者都是颓废者,二者都只能做一些瓦解、毒害、萎缩、吸血的勾当;二者的本能都是对一切屹立、伟大、持久、向生命许诺未来的东西的**致命仇恨**。……基督教是罗马帝国的吸血鬼——一夜之间,它就摧毁了罗马人

的巨大成就,摧毁了为那个将会有时间实现的伟大文化而奠定的根基。(《敌基督者》,58)

罗马帝国曾一度是欧洲智识人心目中的楷模,尽管日耳曼人的欧洲与作为政制实体的罗马帝国其实并没有直接的传承关系,倒是与罗马天主教制有这种关系。在尼采眼里,罗马帝国的欧洲是一种文明典范,与日耳曼人的基督教欧洲构成二元对立:"基督教是罗马帝国的吸血鬼。"由于尼采把基督教与"民主品味及其'现代观念'"绑在了一起,罗马帝国的欧洲与基督教的欧洲便成了两种文明政制的对立。

在《道德的谱系》第一章最后一节,尼采曾非常简洁但也非常明晰地展示了这两种文明政制的对立及其斗争史:罗马帝国因犹太-基督教的兴起而灭亡,文艺复兴曾有希望重新复活罗马帝国的文明精神,未料被实质上是平民怨恨运动的宗教改革扼杀,法国大革命随之从政制上进一步巩固了这场平民造反运动。在尼采眼里,拿破仑的出现是欧洲历史上唯一的一次强有力反弹:

> 拿破仑的出现有如最后一个路标,指示出另外的出路。拿破仑,这个最孤独的人尽管姗姗来迟,却具体体现了高贵理想自身的问题。(《道德的谱系》第一章,16)

拿破仑的失败尽管使得尼采对欧洲文明的未来憧憬最终以疑问句结束,《道德的谱系》第一章最后一节仍然令人触目惊心地挑明了两种文明类型对立的要害:贵族政制与平民政制的对立。从拿破仑战争之后到尼采成年的半个世纪里,欧洲文明危机最为突出的表征是无政府主义思想流行——因此,尼采把"无政府主义者"与基督徒相提并论,指责他们

"摧毁了罗马人的巨大成就"。

什么是"罗马人的巨大成就"？罗马人成就的是一种基于"宗教立法"的贵族[贤良]政制——少数优秀人的统治。因此,在尼采眼里,真正的欧洲文明传统是罗马人成就的贵族政制。然而,这一成就为何伟大？贵族政制为何正确,平民政制为何不正确？在尼采的晚期著作中,对这一问题的回答没有比《敌基督者》第57节更为彰明较著。如果我们细读这一节,就可以看到尼采心目中端正的欧洲文明形象。

> 一本像《摩奴法典》这样的法典,在起源上同每一本好的法典一样:它总结了漫长世纪以来的经验、聪明(Klugheit)和道德实验,它是结论,它不再进行创造。要编制这种法典,前提就是这样一种洞见:为一种缓慢地赢得并付出昂贵代价的真理树立权威的手段,在根本上与用来证明这一真理的手段完全不同。一部法典从不说明用处、根据、一条律法成为律法之前的辩疑:因为一旦这么做,律法就会丧失其命令式的腔调,丧失"你应该",丧失让人服从的前提。(《敌基督者》,57)

尼采要谈论的是作为欧洲文明典范的罗马帝国的"宗教立法",但他却从《摩奴法典》谈起——这是为什么？可以这样设想:在尼采看来,罗马帝国的贵族政制原则具有普世意义。因为,世界上的其他古老文明与罗马帝国一样,其政制原则基于对"漫长世纪以来的经验、聪明和道德实验"的"总结"。古老的"律法书"出自一种对人世的深刻"洞见"(die Einsicht),为了维护这种"洞见",必须让"律法"具有不可置疑的绝对权威。显然,启蒙哲学撼动的正是古老"法典"的权威。

尼采为什么认为不应该撼动古老"法典"的权威呢?

> 问题恰恰就在这里。——在一个民族(Volk)发展的一个确定点上,这个民族的一个最具洞察力,也最具后顾与前瞻眼光的阶层就会宣布:用来规定应该(也就是能够)怎样生活的经验已经到头了。他们的目标,就是从充满实验和糟糕经验的各个时代之中,采摘最丰富和最全面的果实。因此,现在首先需要注意的是,不要无休止地继续进行实验,不要无休止地延续这种价值变动不居的状态,不要无休止地对价值进行检验、筛选和批判。(《敌基督者》,57)

这段说法会让我们感到吃惊:尼采不是要"重估一切价值"吗?在这里我们看到,尼采明确反对在价值观念上重新探索和发明,重新"对价值进行检验、筛选和批判"。由此可以证实,尼采的"重估一切价值"的确针对的是启蒙哲学的"重估一切价值"。在尼采看来,每个民族古老的"律法书"是这个民族"最具洞察力,也最具后顾与前瞻眼光的阶层"所获得的宝贵经验的结晶,我们作为后人不应该质疑这个阶层的眼光和他们的"洞识",应该继承而非推翻他们对"一个民族"应该怎样生活已经做出的最终决定。

可以设想,如果像康德那样让每个人把自己的个人良知当作普遍的"道德法则",传统的"律法书"就成了比废纸都不如的东西。我们一向认为尼采是个激进的反传统分子,尼采却让我们看到,我们才是尼采痛斥的激进反传统分子,因为我们根本不再把自己民族的祖先"最具洞察力,也最具后顾与前瞻眼光的阶层"所获得的宝贵"洞察"当回事。

然而,尼采说,其实古人早就预料到这一点:

为此，人们设立了双重的围墙：一堵墙是**启示**（die Offenbarung），它宣称，每一条律法背后的理性都不是来源于人，不是在经历漫长过程和许多错误之后才被找到、被发现的，而是拥有神圣的起源，是完备、完善、没有历史，是一个馈赠、一项奇迹，人只是被告知而已……

另一堵墙是**传统**（die Tradition），它宣称，律法在遥不可及的远古时代就已经存在，质疑律法是不虔敬，是对祖先的一种犯罪。因此，律法的权威基于这一论点：神制定律法，祖先以律法为生。（《敌基督者》，57）

尼采认识到，为了阻止后人再去发明新的生活方式或价值原则，各个民族的先知们力图通过"神道设教"的方式来杜绝新的尝试——这就是谎称他们设立的律法不是来自人，而是来自"神"。"每一条律法背后的理性都不是来源于人"这句话尤其值得注意，因为尼采用了"理性"（Vernunft）这个启蒙哲学喜欢用的语词。这意味着，每个民族古老的律法其实都出自"最具洞察力，也最具后顾与前瞻眼光的阶层"的"理性"。然而，这个阶层将自己的"理性"设立的律法谎称为"拥有神圣的起源"，目的不过是杜绝新的尝试。由此，尼采不仅解释了"启示"的含义，还引出了"传统"的意涵——"传统"意味着一道无上命令：必须维护古老的洞察力所获得的经验，并让这种经验具有权威性和强制性，永世不动摇。尼采让我们看到，我们以为尼采既反启示又反传统，实在大错特错。

古老的洞察力所获得的经验是什么呢？尼采接下来用十分清晰的语言作了表述：

最高的、统治的律法，只不过是对一种自然秩序

(Natur‐Ordnung)的认可,是头等的自然法则(Natur‐Gesetzlichkeit),不受任何任性和"现代观念"支配。在每一个健康的社会中,都有三种在生理上侧重点不同,但又相互制约的类型,这三种类型各有各的卫生,各有各的劳作区域,各有各的完善感和技艺。是自然(Natur),而非摩奴,将这三种类型区分开:一种偏重精神;一种偏重膂力、性情热烈;而第三种与前两者都不同,它体现的只是平庸——但正是这第三种类型代表大多数,而前两种是遴选出来的。(《敌基督者》,57)

可以看到,古老的洞察力所获得的经验是如今所谓的差序政治原则:"在每一个健康的社会中"都有三种不同类型的灵魂,它们之间的关系是一种支配性的差序关系。从政治上讲,这种差序关系必然体现为权利不平等,因此,尼采在这里特别提到这一原则与"现代观念"的"权利平等"对立。经过启蒙的我们会不假思索地把"权利平等"视为"自然法则",尼采却说,差序原则才是真正的"自然法则"。因为,权利不平等来自人性的自然差异——在尼采看来,三种灵魂类型的区分才是真正自然的普世原则。

"三种在生理上(physiologisch)侧重点不同,但又相互制约的类型"也可以读作"三种在自然学上"不同的类型,因为,"生理学"这个词与"心理学"一样,在尼采那里应该被还原为希腊文的含义:"心理学"还原为"灵魂学","生理学"还原为"自然学"。三种灵魂类型的区分意味着三种生理类型的区分,换言之,灵魂类型的区分不是人为的区分,而是自然而然的天性上的区分——"自然秩序"的区分。因此,尼采强调,"是自然,而非摩奴"区分了三种灵魂类型。我们知道,启蒙哲学的基础是"普遍人性"论,这种人性论同样宣称依据的是自然法则。于是我们可以理解,尼采为何在晚期著作中一再怒不可遏地痛斥启蒙哲学在人性问题上撒谎——"普遍人性"论恰恰违背人性差异这一自然事实。

按照"自然秩序",任何人世共同体都由三类人构成。尼采"称之为极少数"的第一类人的灵魂类型"偏重精神",他们的心性品质决定了他们的生活方式及其政治权利:

> *极少数人*——作为最完善的等级,拥有极少数人的特权:它代表幸福,代表美,代表地上所有的善。只有那些最具精神性的人,才获准追求美,*追求美的东西*;只有在他们身上,善才不是软弱。……
>
> 作为*最强者*,最具精神的人在别人只能看到毁灭的地方,在迷宫中,在对自己和他人的艰苦磨难中,在尝试中,找到了自己的幸福;他们的快乐就是自我强制:在他们身上,苦行变成了天性、需要、本能。他们将艰难的劳作看作特权;在他们这里,应对那些压垮他人的重负成了一种休养……
>
> *知识*——一种苦行的形式。他们是最值得景仰的人;但这并不妨碍他们成为最开朗的人,最具生命价值的人。他们统治,不是因为他们想要统治,而是因为他们*存在*;他们不能随心所欲地退居其次。(《敌基督者》,57)

这不就是在说柏拉图笔下的"哲人王"吗?尼采两次用到"特权"这个语词,显然,在尼采看来,这类人是真正的"特权"阶层。然而,他们的"特殊权利"是"苦行",是"艰难的劳作",而这一"艰难的劳作"为的是"追求美的东西"。

这段表述不仅让我们清楚看到尼采如何理解"政治权

利"和"特权"——与自由主义者霍布斯或洛克或孟德斯鸠所说的"自然权利"何其不同,而且让我们可以充分理解他所谓的"权力意志"学说:由于这种极少数灵魂"代表幸福,代表美,代表地上所有的善",他们应该有"权力"施行统治。所谓尼采的"权力意志"形而上学,其实是关于"苦行变成了天性、需要、本能"的极少数人的灵魂学——用《人性的,太人性的》中的表述,是"圣洁者和将要变得圣洁者享有的心灵状态"的学说。尼采认为,在这方面,诺瓦利斯有敏锐的洞察:

> 在基于经验和直觉的神圣性这个问题上,诺瓦利斯是权威之一,他曾经带着天真的喜悦道出了全部的奥秘:"真够神奇的,不久前,欲念、宗教和残酷这三者的同盟使世人注意到它们之间的紧密联系和共同倾向。"(《人性的,太人性的》卷一,142)

由此来看,如果仅仅把《瞧,这个人》中的"在所有所谓'美好灵魂'的深处,都根植着一种生理痛苦"这句话理解为"生理病",就大错特错——"生理痛苦"在尼采笔下指的是一种"自然痛苦"或"天性痛苦"。

《善恶的彼岸》第三章结尾也谈到人的三种灵魂类型,看似侧重与宗教的关系,其实与《敌基督者》的这段文本一样,同样涉及三种灵魂类型的政治差异,堪称互文本,值得对观。

对于第一类灵魂类型,尼采在那里的说法是:

> 哲人,如我们——我们自由的精神之士——所理解的那样,作为最广泛的承担责任之人,对人的整个发展有良知(Gewissen):这位哲人会为了自己的培养和教育作品而使用种种宗教,正如他会使用适时的政治和经济

状况。……

　　有些人是强者、独立不依、生来和命定要下命令,一个施行统治的种族的理性和技艺附在了这些人身上,对这些人来说,宗教是个多多益善的手段,能够制伏反抗、施行统治——宗教是个纽带,把统治者和臣民维系在一起,把臣民的良知、他们深藏不露的和最为内在的东西(它想的就是摆脱服从)泄露和移交给统治者;……

　　婆罗门就懂得这一点:借助于一个虔敬组织,他们给自己权力为民众命名王者,却让自己不湿脚、置身事外,觉得自己这号人身负更高的、超王者的使命(überköniglicher Aufgaben)。(《善恶的彼岸》第三章,61)

尼采明明是在发挥柏拉图在《法义》中的思想,却拿印度智者来佐证。这再次证明,在尼采看来,对于古代文明"最具洞察力的阶层"来说,这样的道理是共通的、普适的。

"自然秩序"中的第二类灵魂"偏重膂力、性情热烈"——我们一看就知道这说的是王者。经过启蒙的我们会把"王者"的含义理解为:独享权力、专断任意、无法无天、妻妾成群……但尼采却说:

　　这是正义的守护者(die Wächter)、秩序和安全的看护者(die Pfleger),这是高贵的武士,这是作为武士、法官和法律维护者的最高表现形式的国王。第二等的种姓,构成了最具精神者的执行人,在等级上离最高种姓最近,属于他们的劳作就是承担所有统治劳作中那些粗暴的部分:第二等的种姓是最具精神者的追随者,是他们的左右手,是他们最优秀的门徒。(《敌基督者》,57)

自由主义政治思想家(如孟德斯鸠)从历史上有过坏的统治者推导出,所有统治者都是坏的,以此论证民众参与型的共和政制是最佳政体。然而,历史上实际出现过的王者是怎样的,与王者应该是怎样的,显然不是一回事。尼采说的是应然的王者,其"特殊权利"是守护正义、看护秩序和共同体的安全。无论"守护者"还是"看护者",这两个语词都会让我们想起柏拉图《王制》中闻名遐迩的城邦卫士,尼采甚至称为"高贵的武士"。他们是第一类灵魂亦即"最具精神的人的执行者",这意味着他们的"特殊权利"是实现"最具精神的人"所"代表"的地上所有善和美的东西。

这不仅是应然的王者,也是古代文明的历史上实际出现过的王者。这种人有而且必须得有特殊的天性或天赋:比如大敌当前沉得住气,对共同体内的邪门歪道绝不手软,再艰难的绝境也顶得住等等。尼采用了极为精当的言辞来概括这一切:"他们的工作就是承担所有支配劳作中那些粗暴的部分。"尼采并不认为,由于承担了人世劳作中"粗暴的部分",这种类型的人就应该被视为"专制暴君"。由于罗伯斯庇尔们曾经凭靠革命理念滥杀无辜,对自然而然邪乎的人采取严厉措施也会被视为"残暴",显然荒谬——比这更为荒谬的是,基于"快乐论"的"普遍人性论",对任何邪门的快乐欲求采取严厉措施都会被视为"残暴"。所以,边沁的革命法学挑战了欧洲文明传统的底线。

《善恶的彼岸》中的互文本的说法强调,"统治者"(Beherrschten)与其说是一个阶级,不如说是一种灵魂的等级:

> 在这些阶级和等级身上,凭靠幸运的婚姻习俗,意志的力量和兴致,亦即把握自我的意志(der Wille zur

Selbstbeherrschung)一直不断攀升——宗教给这些力量和兴致提供足够的推动力和诱惑,使之走向更高的精神品质,考验伟大的自我克服、隐忍和孤单的感觉。要是一个种族想要越出自己的出身,从群氓(Pöbel)成为主人,有朝一日高升行使统治,那么,苦行主义和清教主义几乎是不可或缺的教育和变得优秀的手段。(《善恶的彼岸》第三章,61)

这段说法有两点值得注意。首先,优秀的"统治者"与第一类灵魂类型一样,出自"幸运的婚姻习俗"(durch glückliche Ehesitten)。这意味着,"世袭君主制"不可能是好的王制;不仅如此,我们是否能遇到一位优秀的"统治者",属于历史的运气。然而,即便我们没有运气遇到优秀的"统治者",也不能推导出孟德斯鸠式的结论:民众参与型共和政体最佳。因为第二,优秀的"统治者"不仅需要有特殊的心性天赋,也需要宗教性的心性修炼和磨炼。绝大多数民人不可能个个走向"更高的精神品质"(zur höheren Geistigkeit),具有"伟大的自我克服、隐忍和孤单的感觉"。将就民人的品质和感觉来施行统治,必然会追求低俗的政治生活方式。

最让今天的我们感到惊讶的是尼采关于第三种灵魂类型的说法:这类灵魂的品质是"平庸"。在人世中,这类灵魂显然是"大多数"。与"前两种[灵魂]是遴选出来的"不同,他们是常人。在描述这类多数常人的灵魂品质及其"特权"之前,尼采首先说:

> ……要维持社会,要使更高的类型和最高的类型成为可能,就需要区隔这三种类型——倘若有权利存在,那么,首要的条件就是权利的不平等(die Ungleichheit

der Rechte)。(《敌基督者》,57)

显然,这话直接针对"民主品味"的"权利平等"观念。如今的我们只要一听见"权利不平等"的说法,就会条件反射地反感甚至义愤填膺,很难平心静气去看同样容易激动的尼采接下来平心静气所讲的道理。

> 根据其存在的方式,每个人都同样享有他的特权。我们不要低估平庸者的特权。生命向高处攀登总是变得越来越艰难——寒冷在增加,责任在增加。一种高级的文化是一个金字塔:它只能奠基在一个宽大的地基上,它首先必须以某种强有力、健全稳固的平庸为前提。……
>
> 为了使一个人成为具有公共用途的东西,成为一个螺丝钉,成为一项职能,就需要一种自然的规定:不是社会,而是大多数人能够实现的那种幸福,把他们变成了理智的机器。对于平庸者来说,平庸是一种幸福;掌握一门手艺、专业化是一种自然本能。一种更深刻的精神,完全不需要对平庸本身表示抗议。为了使与众不同者存在,首先需要平庸:平庸是高级文化的条件。(同上)

这段说法首先值得注意的是:"平庸者"(Mittelmäßigen)也有自己的"特权",而且"我们不要低估平庸者的特权"。显然,"平庸"(mittelmäßig)在尼采笔下绝非贬义词。平庸者有自己的特殊权利,这种权利首先在于:他们有权利不生活在精神的高寒地带,不生活在生命总是变得更加艰难——更寒冷,承担更多责任的生存位置。有如我们的苏东坡先生所说,"高处不胜寒"。如果把"平庸者"的灵魂拖到或引诱到寒冷的精神高山之上,无异于戕害这类"平庸"的灵魂。毕竟,这类灵魂的自然[天性]承受不了冷静思辨和认识世界本来面目所难免面对的寒冷。如果把平庸者往山上领,让他们个个变得神神癫癫,结果只会让他们一个一个摔下来。平庸者自有自己的幸福,第一种姓者不可非让平庸者享受仅属于第一种姓者自己的幸福[苦行]。

平庸者的特权还在于,他们构成了第一种姓得以存在的前提和基础:没有低的东西,某种东西何以可能显出高,没有"平庸"何以可能显出"高贵"? 基于对"高贵"的肯定,尼采甚至宣称,任何健全的政治共同体都应该有"一个强有力的、健全巩固的平庸"——这是一条普世的政治原则。

让我们难免大跌眼镜的是,尼采明确主张:教育应该维护甚至巩固这种"平庸",不要拔高"平庸者"的天性。用今天的说法是,应该普及实用技艺知识教育,多办职业学校,而非普及哲学讲习班——因为,"全部职业活动,都只是与平庸者的能力和追求相吻合"。毕竟,每个常人仅仅是而且应该是公共秩序中的一颗"有用的""螺丝钉"。不难设想,如果在常人中普及康德哲学的"道德法则",共同体中就不会再有"有用的""螺丝钉"。

在我们的印象中,尼采是个贵族主义分子、精英主义分子,看不起普罗大众。在这里,尼采让我们看到,他对大众的"特权"和"幸福"何其充满敬重。在《善恶的彼岸》中,尼采还说到宗教对"平庸者"的生命的意义:

> 普通的人们、大多数人,这类人活着就是为了服务、为了一般利益,而且唯有如此才可以(dürfen)存活,对这些人,宗教给的是一种无法估量的满足感——满足于

自己的状况和(生活)方式,给的是形形色色的心灵平和,给的是服从时变得优秀,给的是与自己相同的人同甘共苦(ein Glück und Leid mehr mit Ihres – Gleichen),给的是某种使人幸福、使人美好的东西,某种使得整个日常生活、整个低俗以及自己的整个灵魂近似动物性的贫乏得以称义的东西。宗教亦即生活的虔敬意蕴(religiöse Bedeutsamkeit des Lebens),把阳光投到这样一些总是受折磨的人身上,使他们自己得以承受自己这副样子;宗教所起的作用,就像一种伊壁鸠鲁式哲学通常对更高层次的受苦人所起的作用:爽朗、高雅地受苦,同时又是充分利用受苦,甚至最终成圣地、称义地受苦。

在基督教和佛教身上,最可敬的东西也许莫过于它们的技艺:连最低的人也要去循循善诱,让他们靠着虔诚置身于事物的一个更高的表面秩序中,从而坚定不移地对现实的秩序感到心满意足,而在这现实的秩序之中,他们活得实在够艰难——这种艰难又恰恰是必需的!(《善恶的彼岸》第三章,61)

因此,"一种更深刻的精神,完全不需要对平庸本身表示抗议"——在大众身上,没有"最具精神的人"需要或应该看不起的东西,没有需要或应该去反对的东西。"权利平等"听起来敬重大众,其实是不敬重大众自己的天性所具有的"特权"。平庸是一种权利,"最具精神的人"不要剥夺平庸者的权利,但也不要把平庸者的权利和幸福当成自己的权利和幸福,让自己也变成平庸者,否则,政治生活的价值秩序必然会遭到毁坏。

尼采强调的是"最具精神的人"与平庸者的灵魂差异,以及基于这种差异的统治秩序。启蒙哲学的根本问题在于：用基于自然欲望的"普遍人性论"抹去了人的灵魂类型，要么像爱尔维修那样，以最低的"自利"欲望为人性的尺度，让自己变成平庸者，要么像康德那样跳到另一个极端，让人性上升到"头上的星空"，其结果都是搞乱了"自然秩序"。由于多数人的灵魂属于"较低等级"，自由主义的灵魂平等论必然把所有灵魂的自然等级拉平为"较低等级"——这才让尼采感到怒不可遏：

> 如果较低等的人怀疑是否存在较高等的人，那么，危险就大了！人们最终会认为，即使在卑微的、被征服的、精神贫乏的人中也有美德，而且在上帝面前人人平等：这是迄今为止世上绝无仅有的荒唐事情！也就是说，高等人最终按照奴隶的道德标准衡量自己——认为自己"高傲"，等等，认为自己所有较高级的特性卑鄙无耻。①

所以，尼采以基督教对罗马帝国的无政府主义破坏来比喻启蒙对传统文明的普世原则的摧毁——他愤然地说：

> ……在当今的无赖分子之中，我最痛恨谁？是社会主义者的无赖分子，是贱民的使徒们，他们损害了劳作者对其卑微存在的本能、快乐和满足感——这些无赖分子让劳作者心怀嫉妒，教会他们**报复**……不正义从来就不在于权利的不平等，而是在于对"平等"权利的要求……无政府主义者与基督徒，出身相同。(《敌基督者》，57)

---

① 尼采，《重估一切价值》，前揭，下册，第一章，51。

欧洲文明的危机之所以来自信仰"民主品味及其'现代观念'"的启蒙哲人,就因为他们既"无法看到人与人之间在等级上有云泥之别",却又操着"上帝面前人人平等"的口头禅"掌控着欧洲的命运,直到最后变成一种萎缩了的、几乎可笑的种类,一头群居的牲口,被教养得听话,柔弱,平庸,就是今天的欧洲人"(《善恶的彼岸》第三章,62)。

因此,在陈述了古老的"宗教立法"的要义之后,尼采发出了这样的感叹:

> 古代世界的全部工作都白费了:我无言表达这一惊人之举在我心中激起的情感。——而且,如果考虑到古代世界的工作还只是准备性的,还只是抱着坚定的自觉意识来为一种持续千年的工作打下的基础,那么古代世界的全部意义就都白费了!……希腊人为了什么啊?罗马人为了什么啊?(《敌基督者》,59)

"古代世界的工作还只是准备性的"——这话清楚表明,尼采绝非"重估一切价值"的启蒙分子,相反,他"抱着坚定的自觉意识",要修复"一种持续千年的工作打下的基础"。尼采何其坚信"古代世界"为我们准备的"宗教立法"的"价值",并基于这一普世的价值观念来重估"一切"启蒙观念的"价值"。

余论　尼采对中国学人的挑战

自上世纪八十年代以来,德国现代哲学家雅斯贝尔斯的"轴心时代"说一度风靡我国学界,迄今余音未消。与尼采关于"古代世界的全部意义"的论述相比,雅斯贝尔斯的"轴心时代"说显然未及其意。尼采的论述直接启发了韦伯的比较宗教社会学,"轴心时代"说更为晚出,"洞见"却令人吃惊地愈见平庸。

1888年3月,尼采在致加斯特的信中已经对我们中国学人提出了挑战,当时他刚读完《摩奴法典》的第一个西文译本(法译本)。在感受到巨大的内心震撼之余,他禁不住写道:古代所有"伟大的道德立法"都是《摩奴法典》的"模仿"(Nachahmung),柏拉图的"所有要点"如此,犹太教的先知们如此:

> 中国人看起来同样在这个经典的古老法典影响之下(unter dem Eindruck dieses klassischen uralten Gesetzbuchs)造就出了他们的孔子和老子。[1]

老子和孔子的"道德立法"是否受到《摩奴法典》的影响,根本不是问题,实证史学家们不必当真。这话仅仅再次证明,在尼采眼里,古老的"道德立法"具有普世性或普适性。重要的是,尼采所理解的老子和孔子没有错。《礼记·大学》开首所明的"大学之道"讲得很清楚:学问旨在培养"君子"。因为,不可能把所有大众都教成"君子"。接下来《礼记·大学》随即通过解说"诗"来解释"大学之道":从"君子"与先王和民人的差序关系阐发对"君子"的道德-政治要求。十分清楚,《礼记·大学》的"大学之道"同样以三种灵魂类型的区分为前提。

在《敌基督者》中,尼采用的是"宗教立法"这个术词,这里用的是"道德立法",但指称的是同一种立法。换言之,在古典的视野下,宗教与道德是同一个东西。奇怪的是,我国学界却

---

[1] 见 Friedrich Nietzsche, *Sämtliche Briefe*, 前揭, 卷八, 页325。

为儒家品质究竟是宗教性质还是道德性质争议不休,而且论辩双方都摒弃了三种灵魂类型的区分。不仅如此,由于老子和孔子的"道德立法",中国文明传统相当稳定。可是,经过欧洲启蒙思想的洗礼之后,我们就开始嫌弃中国文明过于稳定。由于一百多年来我们都把"在欧洲的所有国家,甚至在美国都在滥用"的"自由精神"奉为精神楷模,我们没法理解尼采,至多给他贴个激进保守主义的标签——这倒没有问题,问题仅仅在于:既然如此,我们何以好意思说自己喜欢尼采?

我国学界迄今还流行这样一种关于尼采的看法:尼采固然是旗帜鲜明的启蒙批判者,但这并不妨碍我们既热爱启蒙又热爱尼采。这种看法的理由据说是这样的:欧洲人搞启蒙已经搞得过于深入透彻,出现尼采这样的启蒙批判者并不奇怪——我们的处境不同,在我们这里启蒙还没有进行到底,甚至还没有真正开始。西方有好些自由民主的尖锐批判者,他们的观点对我们并不适用,因为我们不是像西方那样有了太多的"启蒙",而是压根儿还没有"启蒙"——所谓"救亡压倒了启蒙",批判启蒙从何谈起啊……

这种看法虽然在不少受过哲学教化的人士中颇为流行,却既在学术常识上犯错,也在学理上犯错。就学术常识而言,欧洲思想中的启蒙批判并非启蒙已经搞得过于深入透彻之后才出现,而是在一开始就伴随着启蒙。就学理而言,如果现代启蒙本身是错的,应该等启蒙进行到底之后再批判启蒙就毫无道理可言。尼采的启蒙批判证明了上述两点,因为,他不仅击中了启蒙哲学的要害——具有精神的人的"颓废",而且斥责启蒙的始作俑者和集大成者。倘若如此,如果我们既热爱启蒙又热爱尼采,除了证明我们自己缺乏理智的真诚,就只能证明我们不能承受尼采的理智真诚。

如何凭靠尼采的眼光识读柏拉图

朗佩特(1941—)以尼采研究著称,直到《哲学如何成为苏格拉底式的》(2010)问世之前,他的著述的书名都没有离开过尼采。① 当坊间预告朗佩特将要出版一部柏拉图研究专著时,人们自然会期待看到他不同凡响的柏拉图识读功夫。如今,朗佩特的柏拉图研究已经摆在我们面前。我们看到,作者仍然以尼采为主题,亦即从尼采的视角来识读柏拉图。用朗佩特自己的话说,"在本书中,即使不常提起尼采的

---

① 朗佩特早年有《尼采的教诲:〈扎拉图斯特拉〉绎读》(1986,娄林译,上海:华东师范大学出版社,2013)和《尼采与现时代》(1993,李致远等译,北京:华夏出版社,2009),然后有《施特劳斯与尼采》(1996,田立年、贺志刚译,上海:上海三联书店,2005),随后是《尼采的使命:〈善恶的彼岸〉绎读》(2001,李致远等译,北京:华夏出版社,2010)。

名字,他仍然无处不在"。①

《哲学如何成为苏格拉底式的》分三个部分,依次识读柏拉图的《普罗塔戈拉》《卡尔米德》和《王制》,首尾有"导言"和"结语"。"导言"虽然谈的是这样一个贯穿全书的问题:在柏拉图笔下"苏格拉底是如何成为苏格拉底的"——却以谈论尼采结尾。在"结语"部分,作者几乎完全在谈尼采。可以说,尼采问题框住了朗佩特的这部柏拉图专著。

从尼采的视角来识读柏拉图,可以恰切地理解柏拉图吗?或者说,我们应该凭靠尼采的目光识读柏拉图吗?朗佩特的要求不难理解,毕竟,今人在思想上越长越矮,我们要理解古代高人,就得凭靠离我们较近的长得高的近人。不仅如此,这个长得高的近人还得有一个大抱负:致力于理解自身的文明思想传统及其面临的危机。否则,柏拉图与我们有何相干?可以肯定,尼采就是这样的长得高的近人——而且离我们很近,他对西方文明传统及其现代危机的理解,无人能出其右。

一

如果应该从尼采的视角来识读柏拉图,首先就得恰切地把握尼采的视角。如所周知,要做到这一点,绝非等闲之辈。尼采离世一百多年来,论说尼采者何其多,不着边际或不得要领的论说又何其多。海德格尔的两卷本《尼采》代表着二

---

① 朗佩特,《哲学如何成为苏格拉底式的》,戴晓光等译,北京:华夏出版社,2015,页17。

十世纪理解尼采的最高哲学成就,但海德格尔是否恰切地理解了尼采,仍是问题。[1] 尼采的处女作《悲剧的诞生》让人们看到,尼采是个反柏拉图主义者,他激烈抨击柏拉图笔下的苏格拉底,要他为西方文明陷入虚无主义危机负根本责任。海德格尔敏锐地看到,尼采固然反柏拉图主义,但他反对柏拉图主义的方式——即建构权力意志的形而上学,使得自己成了柏拉图主义的最终完成者。用海德格尔的话说,为了克服虚无主义,尼采把柏拉图主义"倒转"过来:

> 在这样一种对柏拉图主义的倒转中,依然保留着一个与柏拉图主义共同的、被认为不言自明的信念:真理,亦即真实存在者,必须通过认识途径而获得保证。(海德格尔,《尼采》,前揭,上册,页177)

基于对尼采如此深透的理解,海德格尔才对自己的抱负充满信心:彻底克服或终结祸害西方文明思想两千多年的柏拉图主义。我们看到,经过尼采的"反柏拉图主义"和海德格尔反"尼采的柏拉图主义",后现代哲人们得以放心大胆且自信满满地随意摆弄两千多年的西方文明传统。[2]

朗佩特的眼力与此不同,他在自己早年的《尼采与现时代》一书中就已经提出:尼采开创了一部新的西方哲学

---

[1] 海德格尔,《尼采》,孙周兴译,北京:商务印书馆,2004(以下随文注页码)。

[2] 马丁·海德格尔,《哲学史:从托马斯·阿奎那到康德》,黄瑞成译,西安:西北大学出版社,2018;阿兰·巴丢,《激进哲学:阿兰·巴丢读本》,陈永国主编,北京:北京大学出版社,2009;路易·阿尔都塞,《政治与历史:从马基雅维利到马克思》,吴子枫译,西安:西北大学出版社,2018。

史——这意味着开创了一种理解西方古代甚至历代哲人的眼光。朗佩特宣称,眼下这部长达四百多页的柏拉图研究专著,就属于尼采所开创的新哲学史的"开端部分"。他提出的问题是:"柏拉图何以是一位尼采意义上的真正哲人?"(楷体重点均为引者所加,下同)

这个问题的表述让人吃惊:尼采的眼光成了衡量古人柏拉图甚至"真正的哲人"苏格拉底的尺度。朗佩特说,尼采的衡量尺度是:伟大的哲人们是"命令者和立法者"。然而,这一衡量尺度不恰恰来自柏拉图吗?伟大的哲人们是"命令者和立法者"——这话难道不是柏拉图笔下的苏格拉底最先说,而非尼采最先说?倘若如此,朗佩特为何要而且公然敢倒过来说?为什么他不问:尼采何以是一位柏拉图意义上的真正哲人?

在海德格尔眼里,如果柏拉图是西方第一位走上歧途的形而上学家,那么,尼采就得算最后一位;在朗佩特眼里,柏拉图是西方第一位政治哲人苏格拉底的学生,尼采是最后一位。在海德格尔的哲学史谱系中,没有苏格拉底的位置。对我们来说,问题来了:尼采究竟是形而上学家,还是政治哲人?无论是哪种情形,关键在于如何理解尼采的"反柏拉图主义":在尼采眼里,所谓"柏拉图主义"究竟是什么意思?

二

朗佩特在"导言"中承诺,他要展示的"柏拉图是尼采所还原的柏拉图,是西方文明的奠基性教师,而西方文明是一种柏拉图式的文明"。这无异于说,一个真实的柏拉图被西方文明掩盖了两千多年,而这种掩盖恰恰是柏拉图自己有意为之的结果:柏拉图式的文明掩盖了柏拉图自己的本来面目——这话听起来即便不吊诡,也让人费解:

> 在尼采看来,西方文明经过漫长、缓慢的增长,最终以各种"民众的柏拉图主义"——基督教以及基督教的各种无神论衍生物,也即现时代——而达到顶峰。在对现代虚无主义的解剖——也即尼采"为接下来两个世纪所写的哲学史"中,尼采追溯了柏拉图式文明的漫长、缓慢的死亡。尼采在很远处透显出自己的扎拉图斯特拉,将之作为后柏拉图式的可能继承者。(页15)

朗佩特用"柏拉图式文明"(a Platonic civilization)这个表达式称呼尼采意义上的"柏拉图主义",旨在让柏拉图本人与"柏拉图主义"分离开来。与此相对照,海德格尔宁愿把柏拉图本人与"柏拉图主义"绑在一起。① 显然,在朗佩特看来,尼采可没有把柏拉图本人与"柏拉图主义"绑在一起。正是基于这一点,朗佩特才能做出这样的断言:尼采反"柏拉图主义"的真实目的,其实是还原柏拉图的真相——这意味着还原"真正哲人"的本来面目。反过来说,"柏拉图主义"是柏拉图的伪装。必须再次强调,这个伪装是柏拉图的自我伪装:

> [尼采式的哲学史]在柏拉图身上还原了对所有最

---

① 在《尼采》讲稿的"前言"中,海德格尔尤其提到自己在1942—1943年发表的两篇论柏拉图的作品:《柏拉图的真理学说》和《论真理的本质》(《尼采》,前揭,上册,页2)。这两篇作品的中译,见海德格尔,《论真理的本质》,赵卫国译,北京:华夏出版社,2010。

伟大的哲人来说最具根本性,并最终推动、鼓舞了他们的东西,其中最根本的是两种激情或爱(two passions or loves)。哲学是理性地理解整全的激情(the passion to understand the whole rationally),是对智慧的爱,苏格拉底在《会饮》中表明,是对可被理解为爱欲的整全的最高爱欲,[其他任何爱欲皆]无出其右。(页 15)

朗佩特把"对智慧的爱"等同于"对可被理解为爱欲的整全的最高爱欲"(the highest eros of a whole that can be understood as eros),由此解释了他所理解的"政治哲学"。所谓"政治哲学"意味着:把"整全"(the whole)甚至"智慧"(wisdom)本身理解为爱欲,以至于 philo-sophy[热爱智慧]成了热爱-爱欲本身。与此不同,形而上学则意味着这样一种热爱智慧的爱欲:它对为什么"在"在而非不在感到好奇,并始终要一探究竟。倘若如此,我们似乎仅需要把作为整全的"在"理解为"爱欲",就可以完成形而上学与政治哲学的转换。

然而,如此转换意味着什么或结果会怎样呢?意味着或结果是:爱智慧[整全]就是"博爱"。朗佩特在"导言"中向读者承诺,他的"下一本书将承担研究《会饮》和《斐多》的任务",这意味着进一步深入关注"柏拉图所呈现的苏格拉底的博爱"(philanthropy)。这听起来颇具讽刺意义,因为,在尼采的言辞中,我们可以看到太多对所谓 philanthropy[博爱]的嘲讽、挖苦甚至痛斥。在尼采眼里,"民众的柏拉图主义"正是一种 philanthropy[博爱]的基督教哲学。

在《尼采》讲稿的"前言"中,海德格尔首先要求读者关注自己在 1947 年发表的《关于人道主义的书信》(《尼采》,

前揭,上册,页2),我们知道,这封书信是对 philanthropy[博爱]的哲学的贬斥:人道的哲学把人的位置摆得还不够高。朗佩特何以能够说,按照尼采的眼光,"政治哲学的历史……最终是哲学式的博爱历史,是从哲学的立场上进行哲学统治的历史"?

朗佩特马上为我们解惑。的确,尼采孜孜不倦地鞭挞"博爱"哲学……然而不能忘记,尼采也一再强调了"哲学中另一个不可缺少的要素:显白教诲与隐微教诲的区分。在现代启蒙运动之前,所有哲人都懂得这种区分"。言下之意,尼采所说的"柏拉图主义"是"道德化"亦即显白的柏拉图:

> 柏拉图的道德主义是显白的,是一种有益的教诲,必须带着怀疑地将这种教诲视为柏拉图用于教化社会、提升社会的手段,并庇护社会免于哲学的种种结论。(页16)

朗佩特力图表明,"如此道德化"的柏拉图是柏拉图有意识有目的地双重写作造成的结果。《哲学是如何成为苏格拉底式的》识读的第一篇柏拉图对话是《普罗塔戈拉》,因为,智慧者必须隐藏自己是这篇作品的"首要主题"。

> 普罗塔戈拉和苏格拉底都懂得,隐微术——即用有益的意见掩护不那么有益的真理——不仅是出于迫害的原因才有其必要。用施特劳斯的话来说,归根结底,隐微术是由"城邦的根本需求"规定的。"苏格拉底式的修辞术意在成为哲学的一种不可或缺的工具,目的在于引领潜在的哲人走向哲学——通过训练他们,以及使其摆脱阻碍哲学努力的诱惑,同时也阻止不适合学哲学

的人接触哲学。"引导和阻止的双重功能使得苏格拉底的修辞术"相当公正,它的生命来自社会责任的精神"。(页16)

朗佩特在这里提到了施特劳斯,并随之宣称:"对于一部尼采式的哲学史来说,施特劳斯几乎是个不可或缺的源泉。"这无异于告诉读者,他对尼采的理解来自施特劳斯——这让我们想起朗佩特早年的专著《施特劳斯与尼采》。

三

我们知道,施特劳斯尽管把尼采视为现代性三次浪潮的最后一次,他对尼采的专门论述仅仅是一篇题为"注意尼采《善恶的彼岸》谋篇"的论文。[1]通过以施特劳斯的方式识读施特劳斯,《施特劳斯与尼采》揭示出施特劳斯与尼采的深隐渊源。朗佩特认识到尼采的双重言辞凭靠的是施特劳斯的眼力,由此可以说,朗佩特与海德格尔在尼采观上的对峙,其实是施特劳斯与海德格尔的对峙,尽管在《施特劳斯与尼采》最后,朗佩特针对施特劳斯的尼采批判为尼采做了辩护。

在朗佩特看来,施特劳斯对西方文明危机的把握,未必比尼采坚毅、坦诚甚至勇敢。首先,施特劳斯拒绝承认现代物理学的有力挑战,而在尼采看来,物理学的进展"对柏拉图的谎言是致命的";第二,施特劳斯没有像尼采那样,坦诚地

---

[1] 施特劳斯,"注意尼采《善恶的彼岸》谋篇"(林国荣、林国华译),见施特劳斯,《柏拉图式政治哲学研究》,张缨等译,北京:华夏出版社,2012,页234-256。

将早就面对物理学且很好地处理了原子问题的"伊壁鸠鲁置于柏拉图之上";第三,他也不像尼采那样,敢于为提倡未来的宗教作出牺牲。总之,对朗佩特来说,与尼采相比,"施特劳斯在决定性的历史时刻缺乏无畏精神为哲学奋斗"(《施特劳斯与尼采》,前揭,页 182 – 184,188,194,199)。

时隔十多年后,朗佩特让我们看到的是《哲学如何成为苏格拉底式的》,而非《哲学如何成为伊壁鸠鲁式的》,这难免让人感到好奇。不仅如此,在《哲学如何成为苏格拉底式的》中,朗佩特不再提到施特劳斯与尼采的个体差异,而是沿着施特劳斯指引的方向来理解尼采对西方文明危机的理解。朗佩特看到,尼采"在表面上"把西方文明的灾难称为"上帝已死",实际上指的是"柏拉图主义之死"——也就是柏拉图的显白教诲之死。

> 在这一文化灾难中,人们究竟需要什么。人们需要的是柏拉图维度的哲学统治(philosophic rule of Platonic dimension),以及旨在打破柏拉图主义统治的反柏拉图式的意图。与此同时,要将柏拉图认为必须隐藏的东西公之于众——将所有存在物的存在方式理解为爱欲,这才是哲学的真实理解。(页 17)

在《施特劳斯与尼采》中,朗佩特是这样说的:

> 从尼采的观点看,施特劳斯可以被看作是一个为其不明智的不顺从而内疚的策略家:柏拉图的两个重大的假话已经时过境迁,他还在不明智地坚持。[1]

---

[1] 朗佩特,《施特劳斯与尼采》,前揭,页 186 – 187。

朗佩特据此认为,"从尼采关于现代的观点来看",问题已经不是人类是否需要柏拉图式的谎言,而是"既然人类必须在没有柏拉图式的谎言的情况下活下去",热爱智慧者该做些什么。

现在,朗佩特承认,哲人需要"将柏拉图认为必须隐藏的东西公之于众,即将所有存在物的存在方式理解为爱欲"——"所有存在物的存在方式"这样的表达式,会让我们想起海德格尔的《尼采》讲课稿通篇所用的语词。由此看来,朗佩特的这段话可以说是针对海德格尔的尼采理解说的。与海德格尔的尼采解释不同,朗佩特突显的是"哲人立法抱负中的柏拉图-尼采式特性":把柏拉图和尼采视为立法者,而非形而上学家。"为了在世间维护理性的福祉而寻求统治",柏拉图和尼采所要理解的首要事物或"所有存在物之存在方式"是"爱欲或权力意志"。这意味着:尼采的所谓"权力意志"在柏拉图笔下的名称是"爱欲"。

以上是朗佩特在"导言"中对我们公开的意图。我们难免感到困惑:既然尼采眼里的"民众的柏拉图主义"是一种"博爱"的哲学,这是柏拉图的显白教诲的结果,朗佩特何以又可能说,尼采通过反"民众的柏拉图主义"要还原的柏拉图真相是"博爱"哲学?我们显然不能说,柏拉图的显白教诲是在掩护苏格拉底的"博爱"哲学——这究竟是怎么回事呢?难道朗佩特的意思是,尼采反"柏拉图主义"为的是修复"柏拉图主义"?倘若如此,这岂不与海德格尔的论断(尼采反"柏拉图主义"最终完成了"柏拉图主义")是一回事?

如果不是,又会是怎样的呢?

四

通过识读从柏拉图的36篇作品中精心挑选出来的三篇作品,朗佩特力图表明,在柏拉图笔下,苏格拉底如何成为一个"革命性的人物"——必须注意,这里的所谓"革命性"的含义针对的是哲学或哲人族,而非世人。苏格拉底的立法首先是为哲人族立法,然后才是"为了在世间维护理性的福祉"而立法。在"结语"部分,朗佩特再次回到这个柏拉图-尼采式的哲人立法抱负问题。

> 正如柏拉图所表明的那样,苏格拉底正开始成为一个革命性的人物,而事实证明,他的苏格拉底的确是革命性的。柏拉图将苏格拉底呈现为"所谓的世界史的唯一转折点和漩涡",在苏格拉底之后,"所有的神学家和哲人都走在同一条轨道上"(《善恶的彼岸》,285;《悲剧的诞生》,15;《善恶的彼岸》,191)。尼采也说过,真正的哲人是发号施令者和立法者(《善恶的彼岸》,211)——而柏拉图则展现了,苏格拉底如何逐渐成为一个为哲人统治确立原则和必要性的哲人,而且他本身就体现着那些原则,苏格拉底本人就是关于诸神本性的立法者和通过观念进行哲学统治的创建者。(页465)

"世界史的唯一转折点和漩涡"是尼采在《悲剧的诞生》中抨击苏格拉底时的著名说法,朗佩特大胆地以柏拉图的名义颠转了尼采这句话的痛斥含义,使之变成了对苏格拉底的颂扬。他的依据是,"启蒙运动之前的所有哲人,都清楚显白与隐微的区分"。换言之,尼采虽然生活在启蒙运动之后,他仍然信守这一古老的传统。柏拉图笔下的苏格拉底通过"恢复希腊智慧者们自从荷马开始就已经在实践的隐微术,而且创建了显白的柏拉图主义,以庇护和促进他真正持有的隐微哲学"(页465)。在启蒙运动之后的语境中,尼采笔下的很多说法其实是显白说辞。在启蒙运动之后,谁不懂得尼采仍然看重的隐微术,谁就不可能注意到"显白的柏拉图主义"与尼采"真正持有的隐微哲学"的关系。

朗佩特由此强调了他在《施特劳斯与尼采》中展示的主题:在二十世纪的后现代或后启蒙时代,对哲学事业来说,理解"哲学隐微术"成为理解哲学史的关键。因此,施特劳斯在上个世纪三十年代(1938—1939)对"古希腊作家们的隐微教诲的完整范围和特征"的"重新发现",具有极为重要的思想史意义。那个时候,海德格尔刚刚做过标志性的"形而上学导论"讲座,提出了自己对古希腊作家的理解。事实上,施特劳斯对隐微/显白教诲的关注已经见于1930年出版的《斯宾诺莎的宗教批判》,甚至更早的"柯亨对斯宾诺莎圣经学的分析"(1924)一文。那个时候,海德格尔正在写作《存在与时间》。[①]因此,我们的确断乎不能说,施特劳斯是海德格尔的弟子。

海德格尔力图证明,形而上学如何得以可能——这个问题依赖于哲人这类人如何得以可能。在《尼采》讲座的开场,以"作为形而上学思想家的尼采"为题,海德格尔一上来就引用了尼采在《权力意志》中的一段话:

[①] 参见施特劳斯,《斯宾诺莎的宗教批判》,李永晶译,北京:华夏出版社,2013。

> 我无意说服谁去从事哲学:因为必然地,兴许也值得想望的事情是,哲人是一种稀有植物。没有什么比塞涅卡或者西塞罗那样说教般的赞颂哲学更让我反感。哲学与美德无关。(《尼采》,前揭,上册,页3)

施特劳斯描述隐微教诲的基本原则和必要性同样是为了证明:哲学如何得以可能——这与对外关闭哲学的大门是一回事。

> 为了证明哲学的可能性,施特劳斯不得不揭露隐微教诲的真理。他因此在隐微术历史上导致了一场革命:多亏了他,像笔者这样的哲学劳作者才能写下例如眼前刚刚完成的注疏,这部注疏借鉴了施特劳斯的洞见,因而进入了哲人大厦的某些密室之中,倘非如此,这些密室就会是关闭的。(页466-467)

朗佩特把赞辞给了施特劳斯,而非海德格尔——理由是:

> 一部得到施特劳斯扶助的尼采式的哲学史,在柏拉图的苏格拉底身上发现了一种为了哲学的政治,即一种great politics[大政治](《善恶的彼岸》,208),它在其最深层的政治方面是一种神学,一种关于最高存在者的神学-政治教诲,它教导并标示出我们最值得效仿的那些对象是什么。(页467)

由此可以理解,《哲学如何成为苏格拉底式的》出版三年之后,也就是施特劳斯逝世四十周年之际,朗佩特出版了专著《施特劳斯的持久重要性》(2013)。① 施特劳斯让朗佩特懂得,为何"柏拉图的苏格拉底让一位神看起来是一个超越于流变的存在者,一位道德法官",让他得以识读柏拉图《王制》卷十中苏格拉底最后编造的命相神话与荷马的隐秘关联,能够让他"从几乎二千五百年后具有后见之明的位置回望"这样一种教诲,而"这种教诲将关于'神与人将在来世获得永恒'的谎言提升为最高的理想"。尤其是能够让他理解,尼采所谓的"柏拉图主义"其实是"一种由一位哲人创立的神学政治教诲",而所谓"大政治"的含义是,哲人的统治始终应该是秘密统治,因为它看起来始终像(但也仅仅像)是宗教在统治。这意味着,哲学仍然是哲学,而非哲学变成了宗教,否则就成了哲学公开施行统治——这等于虚无主义公开施行统治。因此,尼采会说,"没有什么比塞涅卡或者西塞罗那样说教般的赞颂哲学更让我反感"。

五

然而,"一种宗教捕获"了柏拉图创立的"神学政治教诲",朗佩特把这种宗教称为"大众柏拉图主义"。换言之,柏拉图的显白教诲在历史中蜕变成了"一种宗教"即"大众柏拉图主义",以至于柏拉图再也不能有效掌握他"创立的神学政治教诲"。面对这一西方文明的巨大灾难,尼采的使命就在于:他不得不模仿柏拉图重新创立一种"神学政治教

---

① 参见朗佩特,《施特劳斯的持久重要性》,刘研译,北京:华夏出版社,2019。

诲"——扎拉图斯特拉的教诲。

朗佩特看到，尼采创造的这一教诲并非来自一个古典语文学家的渊博学识，而是来自"欧洲第一位提到波斯神琐罗亚斯德(Zoroaster)"的柏拉图(《阿尔喀比亚德前篇》122a)。

> 柏拉图主义最终受到了由柏拉图引入的宗教创新的一种近亲的统治，而柏拉图当时大胆地在哲学中引入这种宗教创新，是为了将其作为一种对哲学的政治保护。当尼采选择扎拉图斯特拉来表达一种反柏拉图主义的教诲时——这一教诲肯定了万物的永恒复返，他知道，他正在回到那位创立了对宇宙的道德观点的人那里，而柏拉图则敢于把这一观点放进哲学中去。通过一位从对大地的复仇中——这种仇恨燃烧着道德的观点——康复过来的扎拉图斯特拉，尼采开创了一种哲学政治学，他与柏拉图怀着同样的文化目的：建立一个对哲学友好(friendly)的社会秩序；但是现在，这个社会植根于相反的激情——爱，而不是植根于伴随着复仇的怨恨。(页467-468)

在我们眼中，尼采是个激进的反宗教分子，朗佩特却从尼采的笔下读出：尼采深深懂得，

> 宗教有何益处(《善恶的彼岸》，58)——宗教因何而不可或缺，因为宗教是构造日常生活的诗，是每一个人类共同体自动生活于其中，并作为共同体的有益、善和神圣之物的信仰和价值之网(《扎拉图斯特拉如是说》第一部分,"论一千零一个目标")。但柏拉图的命运——柏拉图主义的历史，让尼采也许更为清晰地看到

"至高无上的宗教"的"可怕危险",即宗教不受至高无上的哲学的统治(《善恶的彼岸》,62)。(页468)

朗佩特相信,尼采的目光把握着"从荷马到现在的欧洲精神生活的整个轨迹"。但他也相信,这个目光来自柏拉图笔下的苏格拉底的眼力,或者说来自对柏拉图面临的问题的理解:

> 柏拉图在荷马的传统之内为哲学开辟了自己的政治事业,但至高无上的一神论凭借他那非荷马式的创新篡改了他的哲学,这种一神论试图声称自己保留了希腊最优异的东西,事实上却抹去了真正的希腊性,并用柏拉图主义重写之。……在那场统治西方历史的精神战争中,耶路撒冷战胜了雅典,对此甚至尼采都发现自己因为这种震惊而感到无言以对。但是,他关于那一重大事件的思考,他为那场伟大的战争的原因和策略找到的言辞,指出了将哲学史与宗教史分离开来的方式,而柏拉图曾经顺应过这种方式。(页468-469)

在柏拉图那里,"大政治"是"一种为了哲学的政治"——这意味着,为了真正让哲学施行统治,必须让哲学披上宗教外衣。苏格拉底和柏拉图都没有料到,他们凭靠显白教诲精心打造的这种"大政治"的结果是:宗教最终僭越了哲学的至高法权,并把自己的僭越当真了。尤其要命的是,宗教僭越哲学的法权在西方思想史上体现为哲学变成了宗教:现代性思想的症候是哲学变成了宗教——这意味着哲学的自尽。尼采的使命因此是,让哲学和宗教各归其位。

柏拉图-尼采式的"大政治"不仅意味着"他们都明白

宗教有何益处",也懂得哲学与宗教的本质差异。显然,朗佩特的这一洞识来自施特劳斯的那篇关于尼采的《善恶的彼岸》的专文。施特劳斯的识读告诉我们,尼采关切的唯一问题是哲学与宗教的关系,这就是所谓哲学的政治问题。因此,在施特劳斯眼里,尼采最重要的著作并非《权力意志》,而是《善恶的彼岸》。我国学界对于 Wille zur Macht 的翻译曾经长期犹豫不决,由于感觉到把这个语词译成"权力意志"总难免让人将其与纳粹联系在一起,最终选择了"强力意志"的译法。按照朗佩特的看法,这种担忧仅仅是因为我们没有理解何谓尼采的"大政治"。

六

凭靠施特劳斯的目光,朗佩特力图通过《哲学如何变成苏格拉底式的》揭示"柏拉图主义"的政治含义,以及它对"什么是真正的哲学"的暗示。

> 揭示柏拉图主义的政治性质因此只是复原柏拉图的使命的一半,因为,什么是隐藏于政治中的真正的哲学呢?显而易见,真正的哲学不可能是那种印在护卫新城邦的哲人之犬心目中的哲学,真正的哲学也不可能依赖于由一种善——这种善可以轻易地变成神——所监管的理式带来的安稳。(页469)

朗佩特在这里没有说,"真正的哲学"显而易见是什么。他仅仅说,为了找回被"柏拉图主义"所掩饰的"真正的哲学",就得依循柏拉图展示苏格拉底式政治哲学产生的途径。

当然，即便沿着这个途径去找寻也不容易，《哲学如何成为苏格拉底式的》仅仅是这一追寻的第一步。朗佩特预告，他的下一步将通过识读《斐多》《帕默尼德》和《会饮》来找回柏拉图所展示的青年苏格拉底走过的道路。

> 柏拉图表明，这条道路引导苏格拉底进入了哲学真正的秘仪，即关于爱若斯神的秘仪。在我能力所及的范围内，我自愿地揭露那些秘密，亵渎那些秘仪，因为尼采业已亵渎了那些秘仪——在命名那一根本性的事实之时，他用的不是神的名字，而是"一种无力的衰弱的隐喻"：权力意志（《善恶的彼岸》，22）。（页 469）

现在我们看到，朗佩特所说的"真正的哲学"，就是他在"导言"中说的热爱－爱欲本身，就是"对大地的爱欲""对存在之物的爱欲""对爱欲的爱欲"——用尼采的表达式来讲：哲学是"权力意志"。

好一个敢于"自愿地揭露"哲学的真正秘密的朗佩特！他真的向我们揭露了"真正的哲学"吗？在《会饮》中，人们谈论的不是"爱神"吗？"对[作为整全的]爱欲的爱欲"，难道不是"一种关于最高存在者的神学－政治教诲"？既然"权力意志"论是柏拉图主义式的显白教诲，把"权力意志"哲学等同于苏格拉底的爱欲哲学，朗佩特揭示的难道不仍然仅仅是柏拉图的显白教诲？

倘若如此，朗佩特最终也没有说出"真正的哲学"究竟是什么。柏拉图的显白教诲与尼采的显白教诲的差异仅仅在于：由于在启蒙之后的处境中，柏拉图式的文明成了精神废墟，尼采已经不可能凭借柏拉图的显白教诲"即他关于神和灵魂的政治学"来复原精神生活的活力。然而，如今的热爱智慧者在抛弃已经历史地变质的柏拉图显白教诲即"大众的柏拉图主义"的同时,却不能把柏拉图真正的显白教诲也扔掉。为了继续掩藏"真正的哲学",就必须创造出一种新的宗教来掩饰"真正的哲学"。通过反历史地变质了的"柏拉图主义",尼采要让我们回到真正的"柏拉图主义"即柏拉图创建的"神学政治教诲"。所以,朗佩特用颠倒的表达式说:

> 柏拉图做了尼采后来知道自己不得不做的事情。尼采知道,他不得不将他关于宗教有何益处的知识传递给我们,传给我们这些仍然被千年之久的宗教体验灼伤的现代自由心灵;尼采知道,在被迫将他的哲学呈现为大地神灵狄奥尼修斯和阿里阿德涅的回归时,他被迫用一种不受欢迎的形式向唯一可能的听众呈现他的哲学(《善恶的彼岸》,295)。(页469—470)

朗佩特用施特劳斯的学生伯纳德特在《弓与琴》中的一句话为自己的"结语"结尾:

> 像奥德修斯一样,尼采开始懂得"他的命运就是确立信仰,而不是知识"。

朗佩特由此带出了柏拉图与荷马的一致性:只有通过信仰才能接近知识。朗佩特不是施特劳斯的亲炙弟子,在诸多施特劳斯的弟子中,朗佩特唯一看重伯纳德特,理由是伯纳德特依循柏拉图的问题意识来识读荷马:伯纳德特将"柏拉图式"政治哲学的范围延伸到荷马,因为"奥德修斯是柏拉图笔下苏格拉底的祖先"(页17)。这意味着,伯纳德特懂得柏拉图通过改塑荷马来创建"神学政治教诲"。如果与海德格尔对古希腊哲学精神的现象学还原对照,我们可以更好地理解伯纳德特从柏拉图识读荷马的意义:在《形而上学导论》和《林中路》中,海德格尔呼吁我们跨越"柏拉图主义",返回到前苏格拉底哲人身边,伯纳德特则尝试凭靠"柏拉图主义"(!)回到辈分更古老的诗人荷马。朗佩特由此断言,唯有如此才能找回西方的哲人共同体的原初家园。

> 在希腊的智慧之人中,存在着一个人们未曾料想的亲缘共同体。由于柏拉图有意需要摆脱荷马的支配,这个共同体变得难以还原。(页17)

在哲人共同体的原初家园中,哲人竟然与古老的宗教诗人住在一起!这无异于说,在柏拉图那里,并没有单纯哲人共同体的原初家园。

七

无论柏拉图还是尼采,无论海德格尔还是施特劳斯,他们关切的都首先是哲人族自身的纯洁性。通过识读《普罗塔戈拉》中的论辩,朗佩特断言:

> 苏格拉底认为,哲人之间的战争是家族内部的冲突,是在同类人中间的论辩和讨论,这些人彼此分有的相似性要远远大于他们与非哲人的相似性。作为爱真理者,他们面对着哲学总在面临的共同敌人,苏格拉底将其界定为对属己之物的爱,并通过让哲学成为看起来最首要的属己之物——美、正义和好——的守卫者来抵

御这种哲学的共同敌人。(页466)

朗佩特没有提到尼采不仅提到而且极端强调的一个启蒙运动之后的精神状况:哲人之间的战争已经不可能再仅仅是"家族内部的冲突"。尽管从实质上讲,哲人彼此的相似性远大于他们与非哲人的相似性这一原初状况没有变化,但在启蒙运动普及哲学之后,哲人与非哲人的相似性实际上已经远大于哲人彼此的相似性。其结果是,在所谓哲人族的"家族内部"发生的冲突,就不再仅仅是"同类人中间的论辩和讨论"。① 施特劳斯重新提出"隐微与显白教诲的区分"之后,不断遭受攻击,迄今仍然如此,就是最好的证明。因为,按苏格拉底在《普罗塔戈拉》中的说法,凡不懂得哲学必须隐藏自身这个道理的哲人,都是新派的假哲人。

事实上,柏拉图笔下的苏格拉底已经遭遇这样的处境:无论在《普罗塔戈拉》还是《会饮》中,苏格拉底都并不是在"同类人中间论辩和讨论"——《普罗塔戈拉》尤其向我们展示了苏格拉底同时应对同类人与非同类人的高妙言辞。朗佩特的识读未能充分关注到,柏拉图笔下的苏格拉底言辞应对的是两类人杂处的处境,尤其是苏格拉底保护非同类人免受哲学戕害的正义姿态——施特劳斯的《普罗塔戈拉》讲疏对此却给予了首要的关注。

由此可以理解,朗佩特为何一如既往地赞扬尼采——因为尼采看到柏拉图式的文明已然失效后果敢地致力于另创新宗教,却对如下情形不置一词:尼采的新宗教不仅并未成

---

① 比较吉奥乔·阿甘本,《来临中的共同体》,相明、赵文、王立秋译,西安:西北大学出版社,2019;雅克·德里达,《野兽与主权者(第一卷)》,王钦译,西安:西北大学出版社,2021。

功俘获"现代的自由心灵",反倒造就了更多张扬"自由"的新派假哲人——尽管朗佩特早就看到,

> 尼采是不公正的,他没有公正地对待人民,搞得好像每个人都有理智的良知似的。(《施特劳斯与尼采》,前揭,页186)

不过,在《施特劳斯与尼采》中,朗佩特曾热情赞扬尼采创造新宗教积极面向未来的姿态,批评施特劳斯"仍然只提供柏拉图的策略来处理当代的危机",甚至凭靠尼采的观点批评"施特劳斯意义上的回归是回归到教条化的柏拉图主义"(同上,页188,191)。如今,朗佩特用新著否定了自己过去的观点。这无异于承认,面对同类人与非同类人杂处的处境,施特劳斯的回归比尼采的进取不仅更为审慎,也更为有效。朗佩特用《哲学如何成为苏格拉底的》一书证明,他当年赞扬"尼采要回归到柏拉图之前的希腊启蒙"(同上,页190)是搞错了,哲学的启蒙只能是柏拉图的苏格拉底式的针对爱智者自身的启蒙。

朗佩特算得上诚实的尼采知音。能够做尼采的知音已经很难,成为知音后还要做到诚实就更难。毕竟,哲人彼此的相似性的确已经丧失了社会存在的基础。

图书在版编目（CIP）数据

尼采的微言大义/刘小枫著. -- 北京：华夏出版社有限公司，2022.6（2024.12重印）

（刘小枫集）

ISBN 978-7-5080-8196-0

Ⅰ.①尼… Ⅱ.①刘… Ⅲ.①尼采(Nietzsche, Friedrich Wilhelm 1844-1900)－哲学思想－研究 Ⅳ.①B516.47

中国版本图书馆 CIP 数据核字（2022）第 050432 号

尼采的微言大义

作　　者	刘小枫
责任编辑	刘雨潇
美术编辑	李媛格
责任印制	刘　洋
出版发行	华夏出版社有限公司
经　　销	新华书店
印　　装	北京汇林印务有限公司
版　　次	2022 年 6 月北京第 1 版 2024 年 12 月北京第 2 次印刷
开　　本	880×1230　1/32
印　　张	7.25
字　　数	157 千字
定　　价	59.00 元

华夏出版社有限公司 地址：北京市东直门外香河园北里 4 号 邮编：100028
网址：www.hxph.com.cn　电话：(010)64663331(转)
若发现本版图书有印装质量问题，请与我社营销中心联系调换。

刘小枫集

普遍历史与中国
拉采尔公案：从生物地理学到政治地理学
尼采的微言大义
共和与经纶 [增订本]
城邦人的自由向往：阿里斯托芬《鸟》绎读
昭告幽微：古希腊诗文品读
设计共和
以美为鉴：注意美国立国原则的是非未定之争
古典学与古今之争 [增订本]
这一代人的怕和爱
沉重的肉身
圣灵降临的叙事 [增订本]
罪与欠
儒教与民族国家
拣尽寒枝
施特劳斯的路标 [增订本]
重启古典诗学
现代性与现代中国：现代性社会理论绪论
诗化哲学 [重订本]
拯救与逍遥 [修订本]
走向十字架上的真
卢梭与我们
西学断章
现代人及其敌人
好智之罪：普罗米修斯神话通释
民主与爱欲：柏拉图《会饮》绎读
民主与教化：柏拉图《普罗塔戈拉》绎读
巫阳招魂：《诗术》绎读

编修 [博雅读本]
凯若斯：古希腊语文读本 [全二册]
古希腊语文学述要
雅努斯：古典拉丁语文读本
古典拉丁语文学述要
危微精一：政治法学原理九讲
琴瑟友之：钢琴与古典乐色十讲